Kaiser | Gas · Gas. Zweiter Teil

Georg Kaiser

Gas

Schauspiel in fünf Akten

Gas. Zweiter Teil

Schauspiel in drei Akten

Herausgegeben von Eckhard Faul

Reclam

RECLAMS UNIVERSAL-BIBLIOTHEK Nr. 18812

Gestaltung: Cornelia Feyll, Friedrich Forssman
Gesamtherstellung: Reclam, Ditzingen. Printed in Germany 2013
RECLAM, UNIVERSAL-BIBLIOTHEK und RECLAMS UNIVERSAL-BIBLIOTHEK sind eingetragene Marken der Philipp Reclam jun. GmbH & Co. KG, Stuttgart
ISBN 978-3-15-018812-5
www.reclam.de

Inhalt

Gas

Milliardär: »Aber die tiefste Wahrheit – die findet immer nur ein einzelner. Dann ist sie so ungeheuer, daß sie ohnmächtig zu jeder Wirkung wird!«

(Die Koralle)

Personen

DER WEISSE HERR
MILLIARDÄRSOHN
TOCHTER
OFFIZIER
INGENIEUR
ERSTER SCHWARZER HERR
ZWEITER SCHWARZER HERR
DRITTER SCHWARZER HERR
VIERTER SCHWARZER HERR
FÜNFTER SCHWARZER HERR
REGIERUNGSVERTRETER
SCHREIBER
ERSTER ARBEITER
ZWEITER ARBEITER
DRITTER ARBEITER
MÄDCHEN
FRAU
MUTTER
HAUPTMANN

Maschinengewehrabteilung, Arbeiter

Erster Akt

Quadratischer Raum, dessen Hinterwand Glas ist: Arbeitszimmer des Milliardärsohns. Rechts und links auf den Wänden vom Fußboden bis an die Decke hoch Papptafeln, die Tabellen tragen. Links breiter Schreibtisch mit Rohrsessel; ein zweiter Sessel seitlich. Kleiner Schreibtisch rechts. Draußen Schornsteine dicht und steil, in geraden Strahlen Feuer und Rauch vorstoßend.
Tanzmusik einschallend.
Am Schreibtisch rechts der junge Schreiber.
Von links tritt der weiße Herr ein: lautlos die Tür schließend, lautlos gehend – nach Musterung des Raumes – zum Schreiber, ihn an der Schulter rührend.

DER WEISSE HERR.
Musik?
SCHREIBER *(im Schreck Gesicht nach ihm).*
DER WEISSE HERR *(nach der Decke lauschend – nickend).*
Valse.
SCHREIBER.
Wie kommen Sie – –?
DER WEISSE HERR.
Ganz ohne Aufsehen. Eine gewisse Geräuschlosigkeit – erzielt auf Gummisohlen. *(Er setzt sich in den Sessel am Schreibtisch. – Bein überschlagend.)*
Der Chef – beschäftigt? Oben?
SCHREIBER.
Was – wünschen Sie?
DER WEISSE HERR.
Tanzgeselligkeit?

SCHREIBER *(immer in benommener Hast).*
Oben – ist die Hochzeit.

DER WEISSE HERR *(mit Fingerspiel).*
Der Chef? Oder –?

SCHREIBER.
Die Tochter – mit dem Offizier.

DER WEISSE HERR.
Dann ist er allerdings im Augenblick unabkömmlich – der Chef. – Der Chef!

SCHREIBER.
Es gibt hier keinen – Chef!

DER WEISSE HERR *(mit schneller Wendung nach ihm).*
Das interessiert! – Vorausgesetzt Sie nicht in subtilen Kalkulationen, was Sie da – – Lohnlisten?

SCHREIBER.
Es gibt hier keine – Lohnlisten!

DER WEISSE HERR.
Sie häufen rasch die packenden Momente. Das reißt mit einem Strudel in die Mitte der Dinge! *(Durchs Fenster zeigend.)* Dieses Etablissement von riesigsten Dimensionen in Volltätigkeit berstend – ohne Chef, ohne Lohnlisten??

SCHREIBER.
Wir arbeiten – und wir teilen!

DER WEISSE HERR *(nach den Wänden zeigend).*
Das Schema? *(Aufstehend und Tabellen lesend).*
Drei Staffelungen: bis dreißig Quote eins – bis vierzig Quote zwei – über vierzig Quote drei. Ein schlichtes Rechenexempel – Gewinnaufteilung nach Lebensjahren.
(Zum Schreiber.) Eine Erfindung des Chefs – der keiner sein will?

SCHREIBER.

Weil er nicht reicher sein will als andere!

DER WEISSE HERR.

War er reich?

SCHREIBER.

Er ist der Sohn des Milliardärs!

DER WEISSE HERR *(lächelnd)*.

Er stieß bis an die Peripherie des Reichtums vor und kehrt ins Zentrum zurück – ins Herz. – Und ihr arbeitet?

SCHREIBER.

Jeder gibt sein letztes her!

DER WEISSE HERR.

Wenn man am ganzen Gewinn beteiligt ist!

SCHREIBER.

Darum arbeiten wir hier mehr als alle anderen auf der Erde!

DER WEISSE HERR.

Das Produkt entspricht Eurer besonderen Betriebsamkeit?

SCHREIBER.

Gas!

DER WEISSE HERR *(bläst durch die hohle Hand)*.

SCHREIBER *(erregt)*.

Wissen Sie nichts vom Gas, das wir herstellen?

DER WEISSE HERR *(ebenso)*.

SCHREIBER.

Kohle und Wasserkraft sind überboten. Die neue Energie bewegt neue Millionen Maschinen mit mächtigerem Antrieb. Wir schaffen ihn. Unser Gas speist die Technik der Welt!

DER WEISSE HERR *(am Fenster)*.

Tag und Nacht – Feuer und Rauch?

SCHREIBER.

Die äußerste Möglichkeit unserer Leistung ist erreicht!

DER WEISSE HERR *(zurücktretend)*.

Weil die Armut abgeschafft ist?

SCHREIBER.

Unsere ungeheure Anspannung schafft!

DER WEISSE HERR.

Weil der Gewinn verteilt wird?

SCHREIBER.

Gas!

DER WEISSE HERR *(nahe bei ihm)*.

Und wenn das Gas einmal –

SCHREIBER.

Die Arbeit kann keine Stunde stocken. Wir arbeiten für uns – nicht mehr in andere Tasche. Keine Trägheit – kein Streik. Ununterbrochen treibt das Werk. Das Gas wird nie fehlen!

DER WEISSE HERR.

Und wenn das Gas einmal – – explodiert?

SCHREIBER *(starrt ihn an)*.

DER WEISSE HERR.

Was kommt dann?

SCHREIBER *(sprachlos)*.

DER WEISSE HERR *(spricht ihm hauchend mitten ins Gesicht)*.

Das weiße Entsetzen! –

(Sich aufrichtend – hinaufhörend.) Musik. *(Auf halbem Wege zur Tür einhaltend.)* Valse. *(Ab, lautlos.)*

SCHREIBER *(in steigender Verwirrung – krümmt sich endlich auf den Telephonapparat – fast schreiend).*
Der Ingenieur! *(Seine Blicke laufen irr nach den Türen rechts und links. Der Ingenieur – im Frack – von rechts.)*

INGENIEUR.
Was –
(Von links Arbeiter – verstört – im weißen Kittel.)

SCHREIBER *(mit ausgestrecktem Arm nach ihm).*
Da –!

INGENIEUR *(zum Arbeiter).*
Suchen Sie mich?

ARBEITER *(stutzt).*
Ich wollte Sie rufen lassen.

INGENIEUR *(zum Schreiber).*
Sie telephonierten schon nach mir!

SCHREIBER.
Weil –

INGENIEUR.
Haben Sie Meldung erhalten?

SCHREIBER *(schüttelt den Kopf. Nach dem Arbeiter).*
Der –

INGENIEUR.
– kommt erst.

SCHREIBER.
– mußte kommen!

INGENIEUR *(irgendwie betroffen).*
Was ist vorgefallen?

ARBEITER.
Das Gas im Sichtglas färbt sich.

INGENIEUR.
Färbt?!

ARBEITER.
Ein schwacher Anflug ist es noch.

INGENIEUR.
Verstärkt er sich?

ARBEITER.
Sichtbar.

INGENIEUR.
Die Färbung?

ARBEITER.
Ein helles Rosa.

INGENIEUR.
Täuschen Sie sich nicht?

ARBEITER.
Ich beobachte mit voller Aufmerksamkeit.

INGENIEUR.
Seit –

SCHREIBER *(hastig)*.
– zehn Minuten?

ARBEITER.
Ja.

INGENIEUR.
Wer sagt das Ihnen?

SCHREIBER.
Müssen Sie nicht hinaufrufen?

INGENIEUR *(telephoniert)*.
Ingenieur – Meldung von Kontrollstation – Sichtglas zeigt Färbung – ich übernehme die Kontrolle persönlich.
(Zum Arbeiter.) Kommen Sie. *(Die beiden links ab.)*

SCHREIBER *(wirft plötzlich die Arme hoch und rennt schreiend nach links).*
Ihr rettet euch nicht – – ihr rettet euch nicht! *(Ab.)*
(Milliardärsohn – sechzigjährig – und Offizier – in roter Uniform – von rechts.)

OFFIZIER.
Liegt Grund zu ernsthafter Beunruhigung vor?

MILLIARDÄRSOHN.
Ich erwarte noch den Bericht des Ingenieurs. Jedenfalls ist mir eure Abreise lieb. Ich wollte mit dir noch über das Vermögen, das meine Tochter dir bringt, sprechen. *(Er holt aus dem Schreibtisch ein Buch.)*

OFFIZIER.
Ich bin dir dankbar.

MILLIARDÄRSOHN.
Mir bist du nicht verpflichtet. Es kommt von mütterlicher Seite. Es kann beträchtlich sein. Mir fehlt ja für solche Schätzungen das Verständnis.

OFFIZIER.
Ein Offizier ist gezwungen –

MILLIARDÄRSOHN.
Ihr liebt euch – und ich erhebe keine Einrede.

OFFIZIER.
Ich werde über deiner Tochter, die du mir heute anvertraust, mit meiner Ehre wachen.

MILLIARDÄRSOHN *(schlägt das Buch auf).*
Das ist das Verzeichnis der Werte und wo sie deponiert sind. Wählt euch einen tüchtigen Bankier und laßt euch beraten. Das ist nötig.

OFFIZIER *(liest. Erstaunt sich aufrichtend).*
Das beschäftigt allerdings einen Bankier.

MILLIARDÄRSOHN.

Weil es ein großes Kapital ist? Darum sage ich es nicht.

OFFIZIER.

Bitte, sprich.

MILLIARDÄRSOHN.

Was ihr jetzt habt, habt ihr auch für die Zukunft. Von mir könnt ihr nichts erwarten. Weder jetzt – noch später einmal, ich hinterlasse kein Erbe. Meine Grundsätze sind ja allgemein bekannt genug, du wirst orientiert sein.

OFFIZIER.

Wir werden auch kaum in die Lage kommen –

MILLIARDÄRSOHN.

Man kann das nicht wissen. Solange Geld angehäuft wird, geht es auch verloren. Die Zustände, darauf gegründet, sind immer unsicher. Ich möchte dir das alles nur gesagt haben, um mich später einmal nicht verantwortlich zu fühlen. Du heiratest die Tochter eines Arbeiters – mehr bin ich nicht! – Daß ich es lieber gesehen hätte, ihre Mutter hätte ihrer Tochter kein Vermögen hinterlassen, verhehle ich dir nicht. Aber ich bin nur mächtig in meinem Bezirk – und mit Gewalt schleppe ich niemand hinein. Auch meine Tochter nicht.

(Tochter – in Reiseanzug – von rechts.)

TOCHTER.

Warum müssen wir denn reisen?

OFFIZIER *(küßt ihre Hand).*

Wie heiß du noch bist vom Tanz.

MILLIARDÄRSOHN.

Ich möchte nicht, daß dein Fest mit einem Mißklang schließt. *(Auf ihre erschrockene Geste.)* Die Gefahr wird sich ja beseitigen lassen. Aber es verlangt die ganze Anstrengung von uns.

TOCHTER *(nach dem Fenster hin).*

Unten im Werk?

MILLIARDÄRSOHN.

Ich könnte dir später kein Wort des Abschieds sagen.

TOCHTER.

Ist es so ernst?

OFFIZIER.

Es sind Gegenmaßregeln getroffen.

MILLIARDÄRSOHN *(nimmt die Hände der Tochter).*

Reise glücklich. Du hast heute meinen Namen abgelegt. Damit ist nichts verloren – ich bin ein sehr einfacher Mann. An die Pracht deines neuen Namens reiche ich nicht. Mußt du in mir verlöschen, wenn du gehst?

TOCHTER *(sieht ihn fragend an).*

OFFIZIER.

Wie kannst du so sprechen?

MILLIARDÄRSOHN.

In den Taumel eures Irrtums folge ich nicht.

TOCHTER.

Ich komme doch auch wieder.

MILLIARDÄRSOHN.

Die Umkehr kann ich wohl nicht erwarten! *(Abbrechend.)* Jetzt will ich die Gäste bitten zu gehen.

(Er küßt ihre Stirn – gibt dem Offizier die Hand.
Tochter steht noch betroffen – Offizier führt sie nach links, beide ab.)

MILLIARDÄRSOHN *(am Telephon).*

Verbreiten Sie im Saal: ein Vorfall im Werk unterbricht

das Fest. Es ist ratsam, den Werkbezirk beschleunigt zu verlassen.

(Die Musik hört auf.

Ingenieur von links – Kittel überm Frack, in ungeheurer Aufregung.)

INGENIEUR *(hervorstoßend).*

Meldung von Kontrollstation: – Gas färbt mit Sekunden stärker. In Minuten – bei gleichem Fortschritt – kräftiges Rot!

MILLIARDÄRSOHN.

Ist etwas an Maschinen defekt?

INGENIEUR.

Tadelloser Gang!

MILLIARDÄRSOHN.

Im Material ein Ausfall?

INGENIEUR.

Kein Rohstoff ungeprüft vor der Vermischung!

MILLIARDÄRSOHN.

Wo liegt das Versehen?

INGENIEUR *(von Zittern gewalkt).*

In – – der Formel!!

MILLIARDÄRSOHN.

Ihre – Formel – stimmt – nicht?

INGENIEUR.

Meine Formel – stimmt nicht!

MILLIARDÄRSOHN.

Wissen Sie das?

INGENIEUR.

Jetzt!

MILLIARDÄRSOHN.

Kennen Sie den Fehler?

INGENIEUR.

Nein!

MILLIARDÄRSOHN.

Finden Sie ihn nicht?

INGENIEUR.

Die Berechnung – ist richtig!

MILLIARDÄRSOHN.

Und – – das Sichtglas färbt doch?!

INGENIEUR *(wirft sich in den Sessel am Schreibtisch: mit kurzen Schriftstößen überfährt er das Papier).*

MILLIARDÄRSOHN.

Funktioniert der Alarm?

INGENIEUR *(ohne sich zu unterbrechen).*

Alle Glocken hämmern längst!

MILLIARDÄRSOHN.

Bleibt genug Zeit zum Abzug?

INGENIEUR.

Die Transportwagen sausen aus den Hallen!

MILLIARDÄRSOHN.

Herrscht Disziplin?

INGENIEUR.

Musterhaft!

MILLIARDÄRSOHN *(maßlos erregt).*

Kommen alle heraus?!

INGENIEUR *(springt auf, in gerader Haltung vor ihm).*

Ich habe meine Pflicht getan. Die Formel ist klar. Ohne Bruch!

MILLIARDÄRSOHN *(wie betäubt).*

Sie finden den Fehler nicht?!

INGENIEUR.

Keiner entdeckt ihn. Keiner kann es. Kein Hirn rechnet straffer. Die letzte Rechnung ist gelöst!

MILLIARDÄRSOHN.

Und stimmt nicht?!

INGENIEUR.

Stimmt – und stimmt nicht! An die Grenze sind wir gestoßen. Stimmt – und stimmt nicht! Dahinter dringt kein Exempel. Stimmt – und stimmt nicht! Das rechnet sich selbst weiter und stülpt sich gegen uns. Stimmt – und stimmt nicht!

MILLIARDÄRSOHN.

Das Gas – –?!

INGENIEUR.

– blutet im Sichtglas! – flutet an der Formel vorbei rot im Sichtglas! – schwemmt aus der Rechnung in Richtung für sich! – Ich habe meine Pflicht getan. Mein Kopf ist kalt. Es kommt, was nicht kommen kann – und dennoch kommt!

MILLIARDÄRSOHN *(tastet nach einem Sessel).*

Wir sind wehrlos ausgeliefert –

INGENIEUR.

– der Explosion!

(Ein Zischlaut zerspleißt die Stille draußen – malmender Donner kracht kurz los: die Schlote knicken und fallen um. Rauchlose Ruhe. Das große Fenster prasselt mit Scherbenregen in den Raum.)

MILLIARDÄRSOHN *(an die Wand gepreßt – tonlos).*

Die Erde wankte.

INGENIEUR.

Druck von abermillionen Atmosphären.

MILLIARDÄRSOHN.

Totenstille.

INGENIEUR.

Gewaltiger Radius in Vernichtung.

MILLIARDÄRSOHN.

Wer lebt noch?

(Die Tür links wird aufgestoßen: ein Arbeiter – nackt, von Explosion gefärbt – taumelt herein.)

ARBEITER.

Meldung aus Halle acht – Zentrale: – weiße Katze gesprungen -- rote Augen gerissen – gelbes Maul gesperrt -- buckelt knisternden Rücken -- wächst rund -- knickt Träger weg -- hebt das Dach auf -- und platzt in Funken!! *(Mitten auf dem Fußboden sitzend und um sich schlagend.)*

Hetzt die Katze weg – husch husch!! -- schlagt sie aufs Maul -- husch husch!! -- verschüttet die Augen, die zünden -- stemmt ihren Buckel nieder -- alle Fäuste auf ihren Buckel -- der bläht sich ja -- der mästet sich ja -- mit Gas aus allen Ritzen und Rohren --!! *(Sich nochmals halb hochwerfend.)*

Meldung aus Zentrale: -- die weiße Katze explodiert!! *(Er sinkt lang.)*

MILLIARDÄRSOHN *(tritt zu ihm)*.

ARBEITER *(sucht mit seiner Hand)*.

MILLIARDÄRSOHN *(hält sie an)*.

ARBEITER *(mit einem Schrei)*.

Mutter –! *(Tot.)*

MILLIARDÄRSOHN *(in tiefer Schräge geneigt)*.

Menschen ----

Zweiter Akt

Derselbe Raum. Vor das große Fenster ist eine grüne Jalousie herabgelassen. Ein langer Zeichentisch steht da, bedeckt mit Plänen.
Der junge Schreiber – sein Haar nun schlohweiß – an seinem Tisch, untätig.
Milliardärsohn gegen den Zeichentisch gelehnt.

MILLIARDÄRSOHN.
Wie lange ist das erst her?
SCHREIBER.
Heute ist der siebzehnte Tag.
MILLIARDÄRSOHN *(sich nach dem Fenster umsehend)*.
Vorher wölbten sich dort Hallen und stießen Schlote in den Himmel, die einen feurigen Atem fauchten? War das nicht so hinter dieser grünen Kulisse?
SCHREIBER.
In Minuten stürzte alles zu Staubhaufen gepulvert.
MILLIARDÄRSOHN.
Ereignete es sich nicht vor einem Jahrtausend?
SCHREIBER.
Den Tag kann ich nicht vergessen!
MILLIARDÄRSOHN.
Liegt er nicht doch zu weit hinter Ihnen?
SCHREIBER *(sieht ihn fragend an)*.
MILLIARDÄRSOHN.
Wenn Sie im Spiegel Ihr Haar betrachten?
SCHREIBER.
Ich war erregt – bis zu Halluzinationen. Ich fühlte, wie

sich das vorbereitete. Ich sah – körperlich das Entsetzen. Das war schlimmer, als – wie es nun wirklich eintrat. Da war ich schon weiß!

MILLIARDÄRSOHN *(nickend).*

Das weiße Entsetzen – das mußte uns den Stoß geben – kräftig – um uns über ein Jahrtausend vorwärts zu schleudern! – – Siebzehn Tage – sagen Sie? Siebzehn Tage voll Rast und Ruhe!

SCHREIBER *(sachlich).*

Die Arbeiter verharren bei ihrer Weigerung.

MILLIARDÄRSOHN.

Ich kann sie auch nicht beschäftigen. Das Werk ist dem Erdboden gleichgemacht.

SCHREIBER.

Die Arbeit wird von ihnen nicht eher begonnen –

MILLIARDÄRSOHN.

Bis ich meine Erlaubnis gebe.

SCHREIBER *(betroffen).*

Schieben Sie denn den Wiederaufbau hinaus?

MILLIARDÄRSOHN *(kopfschüttelnd).*

Ich schiebe ihn nicht hinaus –

SCHREIBER.

Sie zeichnen schon immer an den Plänen.

MILLIARDÄRSOHN *(über den Zeichentisch gebeugt).*

Ich messe und male – – –

SCHREIBER.

Der Anspruch der ganzen Welt wird dringend. Der Vorrat ist in nächster Zeit erschöpft. Fehlt Gas – –!

MILLIARDÄRSOHN *(sich rasch aufrichtend).*

Halte ich nicht das Schicksal der Welt in Händen?

SCHREIBER.

Sie müssen die Forderung der Arbeiter erfüllen – sonst kommt erst die ungeheuerlichste Katastrophe!

MILLIARDÄRSOHN *(tritt zu ihm und streicht ihm übers Haar).*

Katastrophe nennen Sie das? – Sie jugendlicher Weißkopf – Sie sollten gewarnt sein. Es machte sich ungeheuerlich genug, als es hier donnernd aufflog! – Wollen Sie in das weiße Entsetzen umkehren? Zuckt es Ihnen schon wieder in den Fingern? Sind Sie nur Schreiber?

SCHREIBER.

Ich habe meinen Beruf.

MILLIARDÄRSOHN.

Ruft es Sie nicht ab – von Wichtigerem?

SCHREIBER.

Ich brauche den Erwerb.

MILLIARDÄRSOHN.

Und wenn dieser Grund nun wegfiele?

SCHREIBER.

Ich – bin Schreiber.

MILLIARDÄRSOHN.

Mit Haut und Haar?

SCHREIBER.

Ich – schreibe.

MILLIARDÄRSOHN.

Weil Sie immer geschrieben haben?

SCHREIBER.

Es ist – mein Beruf!

MILLIARDÄRSOHN *(lächelnd).*

So tief hat es euch verschüttet. Die Schichten sind auf euch getragen – Lager über Lager. Da mußte euch wohl ein explodierender Vulkan heraufreißen – ihr wäret nicht wieder hochgekommen!

(Von links kommen die drei Arbeiter.)

MILLIARDÄRSOHN *(zu ihnen).*

Seid ihr wieder durch den Schutt gestampft? Ich konnte euch die Antwort noch nicht schicken. Es formt sich noch – ich stecke ganz in Berechnungen und Entwürfen – da seht! – Aber ich kann euch feste Vorschläge machen, wenn ihr mir eine letzte Frist gebt. Wollt ihr das?

ERSTER ARBEITER.

Die Erregung –

MILLIARDÄRSOHN.

Die verstehe ich. Es gab Tote – ich wage nicht zu denken, wieviel Opfer das Unglück heischte. *(Sich den Kopf umspannend.)* Und doch muß ich es mir vor Augen halten. Dann liegt meine Entscheidung klar zutage! – Sprecht.

ERSTER ARBEITER.

Wir bringen nur dieselbe Forderung, die wir immer stellten.

MILLIARDÄRSOHN.

Ich kenne sie. Es geht mir durch den Kopf. Ich nahm sie ja zum Anlaß meiner – *(Kurz.)* Ich soll den Ingenieur fortschicken?

ERSTER ARBEITER.

Heute ist es noch nicht zu spät.

MILLIARDÄRSOHN.

Morgen?

ERSTER ARBEITER.

Morgen würden wir die Arbeit für zwanzig Wochen verweigern.

MILLIARDÄRSOHN.

Die Trümmer liegen lassen?

ERSTER ARBEITER.

Sonst kann in zwanzig Wochen das Werk wieder arbeiten.

ZWEITER ARBEITER.

Länger als zwanzig Wochen reicht das Gas im Vorrat der Welt nicht.

DRITTER ARBEITER.

Eine Weltwerkruhe wird.

MILLIARDÄRSOHN.

– – Warum soll ich denn den Ingenieur entlassen? *(Da die Arbeiter schweigen.)* Wo liegt seine Verfehlung? Haben die Sicherheitsvorrichtungen versagt? Einigermaßen wenigstens? – Blieb der Alarm unvollständig? Ich muß auch ihm Recht widerfahren lassen, wenn ich euch ein Zugeständnis leiste. Das ist nur billig.

DRITTER ARBEITER.

Das Gas ist explodiert.

MILLIARDÄRSOHN.

Mit seiner Schuld? Nein. Die Formel ist richtig. Jetzt noch.

ERSTER ARBEITER.

Die Explosion geschah.

MILLIARDÄRSOHN.

Nach ihrem Gesetz. Nicht nach seinem.

ZWEITER ARBEITER.

Er hat die Formel gemacht.

MILLIARDÄRSOHN.

Die stärkere schafft keiner!

(Die drei Arbeiter schweigen.)

ERSTER ARBEITER.

Der Ingenieur muß gehen!

ZWEITER ARBEITER.

Heute muß er fort!

DRITTER ARBEITER.

Sein Abschied muß jetzt verkündet werden!

ERSTER ARBEITER.

Mit dieser Erklärung können wir nur zurückkommen!

MILLIARDÄRSOHN.

Wollt ihr das Opfer haben? Ist es das? Meint ihr, die Toten damit stumm zu machen, die in euch schreien? Dies Geheul, das euer Blut schüttelt, zu erwürgen? Deckt ihr das Leichenfeld zu mit neuen Gerichteten? Seid ihr verstrickt in dies wüste Gelüste von Rachsucht nach allem Entsetzen, das sich aufspielte? Wird das die Frucht des feurigen Baums, der auf uns niederregnete mit Pech und Schwefel?

ERSTER ARBEITER.

– – Es ist noch dies: wir bürgen nicht mehr für die Haltung der Arbeiter.

ZWEITER ARBEITER.

Es besteht eine Gärung, die anschwillt.

DRITTER ARBEITER.

Der Ausbruch kommt sicher.

MILLIARDÄRSOHN *(heftig)*.

Sagt ihnen doch – allen, allen! – sie haben doch Ohren zu hören und einen Verstand zu denken: über Menschenmaß ging es hinaus. Das Hirn des Ingenieurs hat das Äußerste berechnet. Dahinter wogen Gewalten ohne Kontrolle. Der Fehler wird von jenseits diktiert. Unauffindbar von hier. Die Formel stimmt – und das Gas fliegt auf! – Seht ihr denn nicht?

ERSTER ARBEITER.
Wir haben unseren Auftrag.

MILLIARDÄRSOHN.
Übernehmt ihr auch die Verantwortung?

ERSTER ARBEITER.
Wofür?

MILLIARDÄRSOHN.
Ich erfülle eure Forderung – der Ingenieur geht – und ihr zieht wieder ins Werk.

ERSTER ARBEITER.
Dafür stehen wir ein.

MILLIARDÄRSOHN.
Und macht Gas?

ZWEITER und DRITTER ARBEITER.
Gas!

MILLIARDÄRSOHN.
Die Formel gilt?

ERSTER ARBEITER *(zögernd)*.
Wenn sie richtig ist –

MILLIARDÄRSOHN.
Unumstößlich!

ZWEITER ARBEITER.
Sie ist richtig und –

MILLIARDÄRSOHN.
Und das Gas explodiert!
(Die drei Arbeiter schweigen.)

MILLIARDÄRSOHN.
– – Muß der Ingenieur jetzt nicht bleiben?
(Die drei Arbeiter sehen vor sich.)

MILLIARDÄRSOHN.
Bewahrt meine Weigerung nicht vor dem Entsetzen? Halte ich nicht Tore verschlossen, hinter denen die Hölle glostet? Die keinen Durchlaß zum Himmel offen lassen? Eine brennende Sackgasse ist? – – Wer geht in Sackgassen – und wischt sich das Ziel aus den Augen? Wer ist dieser Dummkopf – der sich die Stirn einstößt an der letzten Wand und sagt: ich bin am Ende? Am Ende ist er – aber in Vernichtung! – – Kehrt um – kehrt um, die Warnung dröhnte – sie sprengte die Luft voneinander und krachte mit Getöse auf uns nieder! – Umkehr – Umkehr!!

ERSTER ARBEITER *(sich aufrichtend).*
Wir müssen arbeiten!

ZWEITER ARBEITER.
Unsere Arbeit ist es!

DRITTER ARBEITER.
Wir sind Arbeiter!

MILLIARDÄRSOHN.
Unermüdlich seid ihr die. Emporgerissen in die letzte Leistung. Maßlos angefeuert von dem hier. *(Auf die Tabellen weisend.)* Da ist die Hetzjagd schematisiert. Eure Arbeit – in eurer Hände Höhlung aller Lohn. Das muntert euch auf – das spornt noch über den Gewinn – da wird Arbeit um der Arbeit willen getan. Fieber bricht aus und nebelt um die Sinne: Arbeit – Arbeit – ein Keil, der sich weitertreibt und bohrt, weil er bohrt. Wo hinaus? Ich bohre, weil ich bohre – ich war ein Bohrer –

ich bin ein Bohrer – und bleibe Bohrer! – – Graut euch nicht? Vor der Verstümmlung, die ihr an euch selbst anrichtet? Ihr Wunderwesen – ihr Vielfältigen – ihr Menschen?!

ERSTER ARBEITER.

– – Wir sollen eine klare Antwort mitbringen.

MILLIARDÄRSOHN.

Ich gab sie euch ja. Aber ihr versteht das noch nicht. Mir ist es auch noch neu – und ich taste mit größter Vorsicht daran!

ZWEITER ARBEITER.

Geht der Ingenieur?

MILLIARDÄRSOHN.

Er geht!

DRITTER ARBEITER.

Heute?

MILLIARDÄRSOHN.

Er bleibt!

ERSTER ARBEITER.

Das ist kein deutlicher Bescheid!

MILLIARDÄRSOHN.

Er geht – und bleibt: so gleichgültig soll uns der Ingenieur werden!

ZWEITER ARBEITER.

Was heißt das?

MILLIARDÄRSOHN.

Mein kleines kostbares Geheimnis noch. *Später* entfalte ich es vor euch ohne Hehl. Die Pläne – da seht! – ich vollendete sie noch nicht – meine Hilfskraft ist noch nicht da, ohne die ich sie nicht zu Ende bringen kann – und die ist der Mann, der euch Feind und nicht Feind ist!

ERSTER ARBEITER.
Können wir draußen mit Bestimmtheit zusagen?

MILLIARDÄRSOHN.
Was ihr wollt. Ich erfülle alles – und so viel, wie ihr draußen mit keinem Wort versprechen könnt! – Das muß euch hier mit Freude weggehen lassen!
(Die drei Arbeiter ab.)

MILLIARDÄRSOHN *(an den Zeichentisch – beugt sich über die Pläne).*

SCHREIBER *(vom Stuhl hoch – hastig).*
Ich – gehe!

MILLIARDÄRSOHN *(richtet sich auf).*

SCHREIBER.
Ich bin – unbeschäftigt!

MILLIARDÄRSOHN.
Vorläufig.

SCHREIBER.
Das – bleibt auch so?

MILLIARDÄRSOHN.
Wieder Gesichte? Aber nicht diesmal von hellerem Kontur? Nicht Fata Morgana mit Oase unter Grün aus Sandwüste? – Verkündigen Sie doch – Sie junger Prophet. Sie haben doch die sonderbarste Begabung. Ich bin neugierig auf Ihre Weissagungen!

SCHREIBER.
Ich – finde nichts wieder zu schreiben!

MILLIARDÄRSOHN.
Wird es nicht verlockend? Reizt Sie nicht die Gesundheit: beide Hände zu rühren statt dieser, die schreibt – Sie linkshändig Gelähmter?

SCHREIBER.

Ich – gehe!

MILLIARDÄRSOHN.

Wohin?

SCHREIBER.

Zu den andern!

MILLIARDÄRSOHN.

Sammelt euch – murrt vor den Toren. Noch saust das Rad in euch – langsam beschwichtigen sich die Stöße. Bis zum Stillstand braucht es eine Zeit. Dann gebe ich euch Einlaß!

SCHREIBER *(rasch rechts ab).*

MILLIARDÄRSOHN *(wieder am Zeichentisch).*

(Ingenieur von links.)

MILLIARDÄRSOHN *(dreht sich nach ihm).*

Ohne Schaden an Rumpf und Rock?

INGENIEUR *(sieht ihn fragend an).*

MILLIARDÄRSOHN.

Sind Sie nicht der Sündenbock, dem man die eigenen Hörner in den Leib stoßen will? Hat man Sie noch nicht geprügelt?

INGENIEUR.

Pfiffe hörte ich.

MILLIARDÄRSOHN.

So signalisiert man heute das Opfertier – morgen schächtet man es.

INGENIEUR.

Ich weiß mich frei von Fahrlässigkeit – oder Unvermögen.

MILLIARDÄRSOHN.

Aber man trachtet nach Ihrem Fell!

INGENIEUR.

Man müßte den Leuten beweisen –

MILLIARDÄRSOHN.

– daß ein Beweis stimmt und dennoch nicht stimmt!

INGENIEUR.

– – Ich kann nicht gehen – wie die Schuld würde ich es auf mich nehmen –!

MILLIARDÄRSOHN.

Kann ich Sie nicht entlassen?

INGENIEUR.

Nein! Sonst ätzen Sie das Mal auf mich – das mich ausstößt!

MILLIARDÄRSOHN.

Einer muß leiden für viele.

INGENIEUR *(erregt)*.

Wenn man dem allgemeinen Vorteil gerecht wird – ja! Wo liegt er hier? Setzen Sie an meinen Platz diesen oder jenen – die Formel bleibt gültig – muß gelten. Er rechnet mit Menschenverstand – und Menschenverstand rechnet nur so! – Oder Sie müssen zu einer schwächeren Formel zurückkehren!

MILLIARDÄRSOHN.

Glauben Sie daran?

INGENIEUR.

Die Maschinen der Welt müßten umgerichtet werden.

MILLIARDÄRSOHN.

Daran würde es nicht scheitern.

INGENIEUR.

Vor die Notwendigkeit eines geringeren Betriebsmittels gestellt –

MILLIARDÄRSOHN.

Die Maschinen ließen sich aufhalten – die Menschen nicht!

INGENIEUR.

Wenn sie die Gefahr erkannt haben?

MILLIARDÄRSOHN.

Wenn sie zehnmal in die Luft flögen – sie richteten sich die heiße Zone zum elften Male ein!

INGENIEUR.

Eine Explosion wie diese –

MILLIARDÄRSOHN.

Bringt sie zur Besinnung? Mäßigt sie das Fieber, in dem sie rasen? Draußen pochen sie bereits: gib uns den Ingenieur heraus – dann rasen wir weiter – aus Explosion in Explosion!

INGENIEUR.

Darum ist mein Abgang unsinnig!

MILLIARDÄRSOHN *(listig lächelnd)*.

Eine Dummheit ohnegleichen! Sie liefen mir ja wieder herein – in den Hexenkessel – die Schelme. Die Pforte muß verrammelt werden – und dazu bediene ich mich Ihrer Figur. Mächtig bin ich jetzt, wie ich Sie bei mir halte!

INGENIEUR *(streicht sich über die Stirn)*.

Wollen Sie denn – –

MILLIARDÄRSOHN.

Kommen Sie her. *(Er führt ihn an den Zeichentisch.)* Sehen Sie das? – Aufrisse – in groben Zügen. – Erster Niederschlag eines Projekts. – Schließlich nur Ansätze zu etwas Bedeutendem. – Erste Skizzen. –

INGENIEUR.
Was ist das?

MILLIARDÄRSOHN.
Ist Ihnen das Terrain nicht bekannt?

INGENIEUR.
Das – Werk.

MILLIARDÄRSOHN.
Ist dem Erdboden gleichgemacht.

INGENIEUR.
Sind das – die neuen Hallen?

MILLIARDÄRSOHN.
Von diesen lächerlichen Dimensionen?

INGENIEUR.
Sind das – Höfe?

MILLIARDÄRSOHN.
Die bunten Ringe?

INGENIEUR.
Sind das – Geleise?

MILLIARDÄRSOHN.
Die grünen Linien?
(Ingenieur starrt die Pläne an.)
Raten Sie nichts? Wird Ihnen nichts verdächtig. Sie Schlaukopf? Sie Einmaleinsfresser? – Macht Ihnen der Rebus zu schaffen, der in allen Farben schillert? – – Blind seid ihr – farbenblind von der Ewigkeit eures Einerlei bis an diesen Tag! Jetzt bricht euch der neue frühlinghaft entgegen. Augen auf und schweifend ins Gefild: um euch ist die bunte Erde hier! –
(Auf den Plänen nachzeichnend.) Grüne Linien – Straßen mit Bäumen gesäumt. Rote, gelbe, blaue Ringe – Plätze bewuchert mit Pflanzen, die blühen aus Grasfläche. Vier-

ecke – hineingestellt Häuser mit kleinem Gebiet von Eigentum, das beherbergt! – Mächtige Straßen hinaus – erobernd eindringend in andere Striche – betreten von Pilgern von uns – die Einfachstes predigen: – uns!! *(Seine Geste ist groß.)*

INGENIEUR *(verwirrt)*.

Errichten Sie – das neue Werk – an anderer Stelle?

MILLIARDÄRSOHN.

Es begrub sich selbst. Auf seinem Gipfel – schlug es um. Deshalb sind wir entlassen. Sie – und ich – und alle! – mit reinem Gewissen. Wir sind den Weg furchtlos zu Ende gegangen – nun biegen wir aus. Unser Recht ist es – unser gutes Recht!

INGENIEUR.

Der Wiederaufbau – – steht in Frage??

MILLIARDÄRSOHN *(auf die Pläne klopfend)*.

Da ist gegen ihn entschieden!

INGENIEUR.

Das Gas – – das nur hier gemacht werden kann – –?

MILLIARDÄRSOHN.

– explodierte!

INGENIEUR.

– – Die Arbeiter??

MILLIARDÄRSOHN.

Über grünem Grund Siedler!

INGENIEUR.

Das – – ist – – unmöglich!

MILLIARDÄRSOHN.

Stoßen Sie sich an meinen Plänen? Ich sagte ja, daß sie unvollkommen sind. Ich habe mit der Ausführung auf Sie gezählt. Ja, mit Ihrer Hilfe rechne ich stark. Sie sind wie kein zweiter fähig, ein großes Projekt zu bewältigen. Zu Ihnen habe ich das beste Vertrauen! – Wollen wir uns an die Arbeit machen?

(Er rückt einen Sessel an den Zeichentisch und setzt sich.)

INGENIEUR *(zurücktretend)*.

Ich bin Ingenieur!

MILLIARDÄRSOHN.

Sie verwerten noch einmal Ihre Kenntnisse hier!

INGENIEUR.

Mein Fach – ist das nicht!

MILLIARDÄRSOHN.

Hier werden alle Kräfte frei!

INGENIEUR.

Ich übernehme – solche Aufgabe nicht!

MILLIARDÄRSOHN.

Die ist Ihnen zu schwierig?

INGENIEUR.

Zu – dürftig!

MILLIARDÄRSOHN *(steht auf)*.

Was sagen Sie da?! – Das ist gering – – vor Ihrem Witz, der zählen kann? – Beherrscht Sie Ihr Exempel – das Sie rechneten? – Sind Sie in dies Gebälk verschroben – das Sie konstruierten? – Haben Sie Arme und Beine – und Blut und Sinne ausgeliefert in diese Klammer, die Sie zwängten? Sind Sie ein von Haut umsponnenes Schema?

(Er tastet nach ihm.) Wo sind Sie? Mit Wärme – mit Puls – und Scham?!

INGENIEUR.

Wenn ich nicht beschäftigt werden kann – in meinem Fach – –

MILLIARDÄRSOHN.

Schlagen nicht Ihre Hände nach Ihrem Mund – der Mord redet?

INGENIEUR.

– – suche ich meine Entlassung!

MILLIARDÄRSOHN *(stützt sich gegen den Tisch).*

Nein! – Das bringt die andern zurück. – Der Weg ist frei – und sie stürmen herein – und bauen ihre Hölle wieder auf – und das Fieber wütet weiter! – – Helfen Sie mir – – bleiben Sie bei mir – – arbeiten Sie mit mir hier, wo ich arbeite!!

INGENIEUR.

Ich bin entlassen!

MILLIARDÄRSOHN *(sieht ihn sprachlos an).*

INGENIEUR *(links ab).*

MILLIARDÄRSOHN *(endlich stark).*

Dann muß ich euch alle zwingen!

Dritter Akt

Ovaler Raum. In sehr heller Wandtäfelung liegen die Türen unsichtbar: zwei hinten, eine links. In der Mitte runder Tisch von kleinem Umfang mit grüner Decke – sechs Stühle daran dicht nebeneinander.

Offizier kommt von links – im Mantel. Eine Unruhe ist kaum beherrscht. Er sucht nach den Türen – pocht an Teile der Täfelung.

Milliardärsohn tritt links hinten heraus.

OFFIZIER *(dreht sich rasch nach ihm und geht zu ihm).*
Störe ich dich?

MILLIARDÄRSOHN *(verwundert).*
Seid ihr da?

OFFIZIER.
Nein, ich bin allein hier.

MILLIARDÄRSOHN.
Warum ohne deine Frau?

OFFIZIER.
Sie – konnte mich nicht begleiten.

MILLIARDÄRSOHN.
Ist meine Tochter krank?

OFFIZIER.
Sie – weiß von meiner Reise nichts!

MILLIARDÄRSOHN *(nickt).*
Der Anblick ist auch wenig erquicklich – das väterliche Werk ein Trümmerhaufen. Willst du dich hier umsehen?

OFFIZIER *(flüchtig)*.
Die Katastrophe muß ja fürchterlich gewesen sein. Der Aufbau schreitet rüstig fort?

MILLIARDÄRSOHN.
Hast du Beobachtungen in dieser Beziehung gemacht?

OFFIZIER.
Das ist ja natürlich, daß ihr fieberhaft tätig seid.

MILLIARDÄRSOHN *(schüttelt den Kopf)*.
Meine Zeit –

OFFIZIER.
Du bist beschäftigt. Die Arbeit wächst dir über den Kopf. *(Nach dem Tisch zeigend.)* Du hast Sitzung. Ich komme dir so ungelegen wie möglich.
(Fast schroff.) Aber ich muß dich um die Unterredung in dieser Stunde bitten!

MILLIARDÄRSOHN.
Mir ist alles gleich wichtig.

OFFIZIER.
Ich danke dir für deine Bereitwilligkeit, mich anzuhören. Es handelt sich darum – – mich zu retten!

MILLIARDÄRSOHN.
Wovor?

OFFIZIER.
Vor dem Abschied – mit Schande!

MILLIARDÄRSOHN.
Wie?

OFFIZIER.
Ich habe Schulden im Spiel kontrahiert – und muß bis morgen mittag erledigen!

MILLIARDÄRSOHN.
Kannst du das nicht?

OFFIZIER.

Nein!

MILLIARDÄRSOHN.

Wenn es notwendig ist, nimm euer Vermögen in Anspruch.

OFFIZIER.

Das – existiert nicht mehr!

MILLIARDÄRSOHN.

Das ist aufgebraucht?

OFFIZIER *(erregt)*.

Ich spielte und verlor. Die Verluste suchte ich zu decken und spekulierte. Die Spekulationen schlugen fehl und rissen mehr nach. Ich steigerte den Spieleinsatz, um alles zu gewinnen, über meine Mittel – und stehe vor der Pistole, wenn ich nicht bezahle!

MILLIARDÄRSOHN *(nach einer Pause)*.

Zu mir führt dein letzter Weg?

OFFIZIER.

Wie schwer er mir wird zu dem, der mir Vertrauen schenkte und das ich täuschte! – Aber die Verzweiflung jagt mich her. Deine Vorwürfe habe ich verdient – jeder Tadel von dir brennt mich gerecht. Ich wage vor dir kein Wort der Entschuldigung!

MILLIARDÄRSOHN.

Ich mache sie dir nicht – Vorwürfe.

OFFIZIER *(greift nach seiner Hand)*.

Du beschämst mich heißer mit deiner verzeihenden Güte. Ich kann dir nur geloben, daß ich – aus dieser Gefahr unversehrt hervorgegangen –

MILLIARDÄRSOHN.

Den Schwur will ich nicht –

OFFIZIER.
Dir verpflichte ich mich!

MILLIARDÄRSOHN.
– weil ich dir ja keinen Gegendienst erweise!

OFFIZIER *(starrt ihn an)*.
Willst du mir – –

MILLIARDÄRSOHN.
Wollte ich dir helfen – ich kann es nicht. Ich habe es dir damals gesagt, du heiratest die Tochter eines Arbeiters. Der bin ich. Ich habe dir nichts beschönigt. Du hast volle Aufklärung erhalten.

OFFIZIER.
Überall stehen dir Mittel zur Verfügung!

MILLIARDÄRSOHN.
Nein.

OFFIZIER.
Ein Wort – und dir gehorchen Banken!

MILLIARDÄRSOHN.
Heute nicht mehr.

OFFIZIER.
Das Werk, das in Wochen wieder arbeitet –

MILLIARDÄRSOHN.
Das stillsteht!

OFFIZIER.
Still – –??

MILLIARDÄRSOHN.
Ja, ich bin zu andern Entschlüssen gekommen. Willst du mir helfen? Ich brauche Hilfe an allen Enden. Der Turm des Irrtums wankt nicht von einer Kraft gestoßen – hier müssen tausend Hände rütteln!

OFFIZIER *(verwirrt).*

Du willst mir nicht – –

MILLIARDÄRSOHN.

Ich selbst bin bedürftig. Dich führt ein guter Zufall her. Ein Schuldiger bist du – wie ich schuldig bin. Und unschuldig sind wir beide. Jetzt tut sich uns der Mund auf – und heraus strömt die Anklage gegen uns alle!

OFFIZIER *(die Hände an den Kopf geklammert).*

Ich – kann – nicht – denken – –!

MILLIARDÄRSOHN.

Streife dein prächtiges Kleid vom Leibe und lege die Waffe dabei. Bester Mensch bist du – meine Tochter wurde ja deine Frau! – makellos ist der Kern. Woher die Verdunklung? Was trübt und verdeckt es? Woher die Lockung zum Aufwand?

OFFIZIER.

Ich soll – – den Offizier – –??

MILLIARDÄRSOHN.

Bekenne deine Schuld – und beweise deine Schuldlosigkeit. Reiße die Blicke nach dir – und mache deine Stimme dröhnend: unerfüllt blieb ich, wie ich verkleidet bin fürs Leben in diesen Rock – furchtbare Verleitung von springenden Kräften in mir in einen Kanal – ungetaner Taten voll, weil eine Tat noch droht, die Vernichtung vollzieht – einer Leistung nur zugewiesen stößt diese begierig hinaus und geilt ins Verderben!

OFFIZIER *(mit unterdrücktem Schrei).*

Kannst – du mir helfen?

MILLIARDÄRSOHN.

Ja.

OFFIZIER.

So gib mir – –!

MILLIARDÄRSOHN.

Was du mir gibst, könnte ich nicht bezahlen!

OFFIZIER.

Meine Frist verstreicht – !

MILLIARDÄRSOHN.

Sie dauert unendlich!

OFFIZIER.

Geld!

MILLIARDÄRSOHN.

Soll ich dich mit Geld betrügen – um dich selbst?

OFFIZIER *(in höchster Verwirrung).*

Ich muß den Dienst quittieren – ich werde im Regiment gestrichen – ich – –

MILLIARDÄRSOHN *(führt ihn um die Schulter zur Tür).*

Ja, es wird Aufsehen machen, wenn ich dich im Stich lasse. Meinen Schwiegersohn – und konnte doch mit beiden Händen in den Überfluß greifen. Aber ich tat es nicht. Das wird sie aufmerksam machen – sie werden bessere Zuhörer sein. Die brauche ich – und du bringst sie mir. Das wird dein Verdienst, das dich belobt ohne meine Anerkennung. Die nimmt dann alles als selbstverständlich!

(Offizier ab.)

MILLIARDÄRSOHN *(tritt an den Tisch – streicht über das grüne Tuch – nickt – links hinten ab).*

(Von links der erste schwarze Herr: über dem enggeknöpften schwarzen Rock wuchtiger Kopf, zu kurzen Borsten gestutztes Grauhaar.

Der zweite schwarze Herr tritt ein – im Anzug dem ersten

schwarzen Herrn gleichend, wie alle noch Kommenden so übereinstimmen – schädelnackt.)

ZWEITER SCHWARZER HERR.

Wie steht es bei Ihnen?

ERSTER SCHWARZER HERR.

Keine Hand wird gerührt.

ZWEITER SCHWARZER HERR.

Bei mir auch nicht.

(Der dritte schwarze Herr kommt – gelber spitzer Kinnbart.)

DRITTER SCHWARZER HERR *(zum ersten)*.

Wie steht es bei Ihnen?

ERSTER SCHWARZER HERR.

Keine Hand wird gerührt.

DRITTER SCHWARZER HERR *(zum zweiten)*.

Bei Ihnen?

ZWEITER SCHWARZER HERR *(schüttelt den Kopf)*.

DRITTER SCHWARZER HERR.

Bei mir auch nicht.

(Der vierte und fünfte schwarze Herr kommen – Brüder, sehr ähnlich, dreißigjährig.)

VIERTER SCHWARZER HERR *(zum ersten)*.

Wie steht es bei Ihnen?

FÜNFTER SCHWARZER HERR *(zum zweiten)*.

Wie steht es bei Ihnen?

DRITTER SCHWARZER HERR *(zu den beiden)*.

Wie bei Ihnen?

VIERTER und FÜNFTER SCHWARZER HERR.

Keine Hand wird gerührt!

ERSTER SCHWARZER HERR.

Bei uns auch nicht!

ZWEITER SCHWARZER HERR.
Das ist die kolossalste Arbeitsniederlegung, die ich erlebt habe.

FÜNFTER SCHWARZER HERR.
Und die Ursache dazu?

DRITTER SCHWARZER HERR.
Unsere Arbeiter streiken in Sympathie mit denen hier.

FÜNFTER SCHWARZER HERR.
Warum streiken die?

ZWEITER SCHWARZER HERR.
Weil der Ingenieur nicht entlassen ist.

FÜNFTER SCHWARZER HERR.
Warum wird er gehalten?

ZWEITER SCHWARZER HERR.
Warum?

VIERTER SCHWARZER HERR.
Weil es eine Marotte ist!

DRITTER SCHWARZER HERR.
Das ist richtig!

ERSTER SCHWARZER HERR.
Es kann noch einen anderen Grund haben. Der wird von prinzipieller Bedeutung. Der Abschied des Ingenieurs wird gefordert – das konstruiert die Schwierigkeit. Stellen die Arbeiter einem von uns Forderungen – so muß er unbedingten Widerstand leisten. Das ist hier geschehen – und in Konsequenz bleibt der Ingenieur auf seinem Posten!

DRITTER SCHWARZER HERR.
Sie vergessen dabei, daß *er* nicht einer von uns ist.

VIERTER SCHWARZER HERR.
Eine Marotte ist es, wie die andere!

ZWEITER SCHWARZER HERR.

Genau so gefährlich, wie die andere. Sie werden sehen!

ZWEITER SCHWARZER HERR.

Wenn sie nur nicht gefährlicher wird!

DRITTER SCHWARZER HERR.

Ich denke, schlimmer kann es nicht werden!

ZWEITER SCHWARZER HERR.

Die eine macht uns genug zu schaffen!

VIERTER SCHWARZER HERR.

Die ganze Arbeiterschaft schielt nach diesem Betriebe!

FÜNFTER SCHWARZER HERR.

Diese Gewinnverteilung an jeden und jeden ist die ewige Beunruhigung aller anderen Werke!

ZWEITER SCHWARZER HERR.

Der Pestherd, den man ausräuchern wollte!

DRITTER SCHWARZER HERR.

Mit Pech und Schwefel!

ERSTER SCHWARZER HERR.

Übersehen Sie aber nicht das Ergebnis, das auf dem Boden dieser Einrichtung gezeitigt wurde. Aus der Gewinnbeteiligung höchste Spannung der Leistung – aus höchster Leistung stärkstes Produkt: Gas!

ZWEITER SCHWARZER HERR.

Ja – Gas.

DRITTER SCHWARZER HERR.

Gas!

FÜNFTER SCHWARZER HERR.

Jedenfalls brauchen wir Gas.

VIERTER SCHWARZER HERR.

Unter allen Umständen.

DRITTER SCHWARZER HERR.

Wir erheben unsere Forderung: Entlassung des Ingenieurs!

ZWEITER SCHWARZER HERR.

Ganz unabhängig von den Arbeitern!

FÜNFTER SCHWARZER HERR.

Ganz unabhängig von den Arbeitern!

VIERTER SCHWARZER HERR.

Das rettet unsere Position!

DRITTER SCHWARZER HERR.

Haben Sie die Tagesordnung?

VIERTER SCHWARZER HERR *(am Tisch).*

Hier ist nichts aufgelegt!

ERSTER SCHWARZER HERR.

Es gibt nur diesen Punkt! Sind wir einig? *(Die andern schwarzen Herren schlagen in seine Hand.)*

(Milliardärsohn von links hinten. Er weist auf die Stühle, auf die sich die schwarzen Herren rasch niederlassen. Milliardärsohn setzt sich als letzter zwischen den vierten und fünften schwarzen Herrn.)

FÜNFTER SCHWARZER HERR.

Wer schreibt das Protokoll?

MILLIARDÄRSOHN.

Nein – nein, nichts schreiben!

DRITTER SCHWARZER HERR.

Eine Sitzung ohne –

MILLIARDÄRSOHN.

Ja ja, wir sagen uns alles!

ERSTER SCHWARZER HERR.
Bei der Wichtigkeit des Gegenstandes halte ich für dringend geboten – um für alle Fälle die Unabhängigkeit von einer ähnlichen Forderung der Arbeiter –

ZWEITER SCHWARZER HERR.
Ich beantrage die Veröffentlichung des Sitzungsprotokolls!

DRITTER SCHWARZER HERR.
Wir stimmen ab!

ERSTER SCHWARZER HERR.
Wer für –
(Die schwarzen Herren werfen mit starker Geste einen Arm hoch.)

MILLIARDÄRSOHN *(drückt die des vierten und fünften schwarzen Herrn neben sich herunter).*
Nicht alle gegen einen – das macht mich zu mächtig. Ich würde euch bedrängen – und will nur überreden.

ERSTER SCHWARZER HERR.
Wenn unsere Verhandlungen –

MILLIARDÄRSOHN.
Wollt ihr mit mir verhandeln? Seid ihr die Arbeiter? Seid ihr nicht die Herren?

DRITTER SCHWARZER HERR.
Sie haben uns eingeladen ohne Tagesordnung. Wir schließen daraus, daß Sie uns die Aufstellung überlassen. Das ist eine berechtigte Annahme. Wir haben uns auf einen einzigen Punkt geeinigt.

ZWEITER SCHWARZER HERR.
Ich denke, die Aussprache wird kurz sein, und wir kehren in unsere Betriebe zurück.

VIERTER SCHWARZER HERR.
Es ist höchste Zeit, daß wir bei uns wieder anfangen können.

FÜNFTER SCHWARZER HERR.
Die erste Nachtschicht muß heute abend eintreten.

DRITTER SCHWARZER HERR.
Es sind bereits Verluste nicht wieder gutzumachen.

MILLIARDÄRSOHN.
Verluste bei euch? Wo habt ihr eingebüßt?

DIE SCHWARZEN HERREN *(durcheinander).*
Die Arbeit ruht – der Betrieb stockt vollständig – die Arbeiter sind im Ausstand!

MILLIARDÄRSOHN *(eine Hand aufhebend).*
Ich weiß: sie halten Totenfeier. Ist der Anlaß nicht würdig? Sind es nicht Tausende, die verbrannten?

ERSTER SCHWARZER HERR.
Der Ausstand hat einen ganz anderen Grund.

MILLIARDÄRSOHN.
Nein, nein! Ihr müßt nicht nach ihren Reden hinhören. Die sind ja so unsinnig. Wenn ich euch verrate, daß sie die Entlassung des Ingenieurs verlangen! – Bezeichnet das nicht ihre Verwirrung? Nein, sie wissen draußen nicht, was sie tun.

DIE SCHWARZEN HERREN *(sehen ihn verdutzt an).*

MILLIARDÄRSOHN.
Trifft den Ingenieur Schuld, die er mit seinem Weggang sühnt? War seine Formel schlecht? Sie bestand vor der Prüfung – und besteht weiter. Mit welchem Tadel schicke ich ihn fort?

ZWEITER SCHWARZER HERR *(kopfnickt).*
Die Formel ist geprüft –

DRITTER SCHWARZER HERR *(ebenso).*
Ihre Gültigkeit ist erwiesen –

VIERTER SCHWARZER HERR *(ebenso).*
Es ist *die* Formel –

FÜNFTER SCHWARZER HERR *(ebenso).*
Für Gas!

MILLIARDÄRSOHN.
Seht ihr das ein?

ERSTER SCHWARZER HERR.
Darum kann sie jeder Ingenieur anwenden!

ZWEITER SCHWARZER HERR.
Dieser oder jener!

VIERTER SCHWARZER HERR.
Da ist der Ingenieur ganz nebensächlich!

FÜNFTER SCHWARZER HERR.
Ein neuer Ingenieur – und dieselbe Formel!

DRITTER SCHWARZER HERR.
Damit ist der Streik beendigt!

ERSTER SCHWARZER HERR.
Mit dieser Forderung sind wir um den Tisch: Entlassung des Ingenieurs!

MILLIARDÄRSOHN *(starrend).*
– – – – Habt ihr vergessen – – seid ihr ertaubt – – rollt das Krachen nicht mehr in euren Ohren – – wankt ihr nicht mehr auf den Stühlen – – seid ihr gelähmt??

ZWEITER SCHWARZER HERR.
Die Katastrophe ist ein schwarzes Blatt –

VIERTER SCHWARZER HERR.
Wir buchen sie –

FÜNFTER SCHWARZER HERR.
– und überschlagen die Seite!

MILLIARDÄRSOHN.
– – Dieselbe Formel – – ??

ERSTER SCHWARZER HERR.
Wir hoffen –

ZWEITER SCHWARZER HERR.
Natürlich!

MILLIARDÄRSOHN.
– – Dieselbe Formel – – ??

DRITTER SCHWARZER HERR.
Vielleicht verlängern sich die Epochen zwischen –

VIERTER SCHWARZER HERR.
Man muß Erfahrungen sammeln!

MILLIARDÄRSOHN.
Zweimal – – dreimal – – ??

FÜNFTER SCHWARZER HERR.
Der Turnus ist ja dann bekannt!

ZWEITER SCHWARZER HERR.
Wir erleben es jedenfalls nicht mehr!

MILLIARDÄRSOHN.
– – Ich soll sie hereinlassen – – ausliefern – ?

ERSTER SCHWARZER HERR.
Schließlich kann doch die Technik der Welt nicht stillstehen!

DRITTER SCHWARZER HERR.
Die vollständig abhängig ist von Gas!

MILLIARDÄRSOHN.
Ist sie das? – Bin ich der Antrieb, der das bewegt? – Meine Macht ist das?

DIE SCHWARZEN HERREN *(sehen verwundert hin)*.

MILLIARDÄRSOHN.
Meine Stimme ist mächtig – über Entsetzen und Lust?

Vor meinen Spruch stellt sich die Wahl um Tod und Sein? – Meines Mundes Ja oder Nein entscheidet auf Leben und Vernichtung? – – –

(Die Hände aufhebend.) Ich sage: – – nein! – – nein! – – nein! Ein Mensch entscheidet – – ein Mensch kann nur entscheiden: – – nein! – – nein! – – nein!

(Die schwarzen Herren blicken sich an.)

VIERTER SCHWARZER HERR.

Das –

FÜNFTER SCHWARZER HERR.

– ist –

DRITTER SCHWARZER HERR.

– doch –

ZWEITER SCHWARZER HERR.

Was – ist – denn??

MILLIARDÄRSOHN.

– – Die Trümmer liegen – – und über Trümmer neuer Boden – – Schicht auf Schicht – – Wachstum der Erde in neue Rinde – – ewiges Gesetz in Werdung.

ERSTER SCHWARZER HERR.

Was ist denn?

MILLIARDÄRSOHN.

Niemals fauchen hier wieder Kamine! Niemals poltern Maschinen! Niemals zischt in den heulenden Schrei der Getroffenen unabwendbare Explosion.

ZWEITER SCHWARZER HERR.

Das Werk –

DRITTER SCHWARZER HERR.

Der Aufbau –

ERSTER SCHWARZER HERR.

Gas??

MILLIARDÄRSOHN.

Kein Aufbau – kein Werk – kein Gas! Ich übernehme die Verantwortung nicht – keiner kann sie auf sich nehmen!

ERSTER SCHWARZER HERR.

– – Wir sollen – –

DRITTER SCHWARZER HERR.

– – auf Gas – –

FÜNFTER SCHWARZER HERR.

– – verzichten – –??

MILLIARDÄRSOHN.

Auf – Menschenopfer!

ZWEITER SCHWARZER HERR.

Wir sind eingerichtet –

DIE ANDERN SCHWARZEN HERREN.

– auf Gas!!

MILLIARDÄRSOHN.

Erfindet ein besseres – oder helft euch mit geringerem!

ERSTER SCHWARZER HERR.

Das ist ungeheuer. Dieser Zumutung setzen wir den schärfsten Widerstand entgegen. Sie bedeutet eine Umwandlung unserer Betriebe –!

VIERTER SCHWARZER HERR.

Die Kosten sind Ruin!

DRITTER SCHWARZER HERR.

Es dreht sich hier nicht um die Kosten, ob sie diesen oder jenen von uns erschüttern. Ich frage: soll die Produktion der Welt vermindert werden?

FÜNFTER SCHWARZER HERR.

Darum müssen Sie Gas herstellen. Es ist Ihre Pflicht. Hätten wir Ihr Gas nicht gehabt –!

ZWEITER SCHWARZER HERR.

Sie haben die höchste Entwicklung der Technik herbeigeführt. Jetzt müssen Sie Gas liefern!

ERSTER SCHWARZER HERR.

Mit Ihrer furchtbaren Methode, die Ihre Arbeiter am Gewinn beteiligt, haben Sie das gewaltige Ergebnis erzielt – Gas. Darum haben wir diese Methode geduldet – jetzt verlangen wir Gas!

MILLIARDÄRSOHN.

Furchtbar ist sie, das habe ich gelernt. Aber ich bin nur schneller den Weg vor euch gelaufen, den ihr alle einmal gehen müßt: aller Lohn in alle Hände!

FÜNFTER SCHWARZER HERR.

Diese Formel hätte nicht erfunden werden dürfen – wenn die Lieferung von Gas einmal eingestellt werden sollte!

MILLIARDÄRSOHN.

Die Erfindung mußte gemacht werden: die Raserei der Arbeit war entfesselt. Sie wütete blindlings und stieß nach Grenzen vor!

ERSTER SCHWARZER HERR.

Eine Mäßigung des Tempos, an das wir uns gewöhnt haben, wäre nicht durchzusetzen!

MILLIARDÄRSOHN.

Nein – nicht Rückkehr zu einem schwächeren Grad der Bewegung, das rate ich nicht. Weiter müssen wir – hinter uns nur Vollendungen, sonst sind wir nicht würdig. Keine Feigheit darf uns anhaften. Wir sind Menschen – Wesen von äußerstem Mut. Haben wir ihn nicht wieder bewiesen? Sind wir nicht tapfer zur letzten Möglichkeit vorgedrungen – und erst als wir Tote zu Tausenden liegen ließen, brachen wir auf ins neue Gefild! – Haben wir nicht wieder Teile unserer Kraft geprüft – bis zur Verletzung gespannt, um ihre Wirkung zu wissen – ob sie das Ganze bindet: den Menschen? – Pilgern wir nicht zu ihm die lange Straße – durch Epoche in Epoche – deren eine sich heute schließt, um die nächste zu öffnen, die die letzte ist?

ZWEITER SCHWARZER HERR.

– – – – Wollen Sie denn die gesamte Produktion abstellen?

MILLIARDÄRSOHN.

Das Maß ist der Mensch, der ihn erhält!

DRITTER SCHWARZER HERR.

Wir haben andere Bedürfnisse!

MILLIARDÄRSOHN.

Solange wir ihn anders ermatten!

VIERTER SCHWARZER HERR.

Wollen Sie uns beschwatzen?

FÜNFTER SCHWARZER HERR.

Mit Broschüren?

MILLIARDÄRSOHN.

Das Beispiel gebe ich auf meinem Grund und Boden: an grünen Alleen kleine Gebiete für uns!

ERSTER SCHWARZER HERR.

– – – Sie teilen das wertvollste Terrain der Erde für diese Zwecke auf?

MILLIARDÄRSOHN.

Für diesen Zweck –: der der Mensch ist!

DRITTER SCHWARZER HERR.

Sie müßten über Mittel verfügen – denn schließlich rechnet die Welt noch mit Geld!

MILLIARDÄRSOHN.
Der frühere Gewinn reicht allen die Zeit, die wir bis zur Wirkung brauchen, die sich verbreitet!

VIERTER SCHWARZER HERR.
Sie würden zu lange auf Nachahmung warten!

MILLIARDÄRSOHN.
Wenn euch das Gas fehlt?
(Die schwarzen Herren sind still.)

MILLIARDÄRSOHN.
Ich könnte euch zwingen – ihr seht es! – ich will es nicht. Es würde euch verstimmen – und ich brauche eure Hilfe. Sechs sitzen wir um den Tisch – sechs stehen auf und treten hinaus: da schwillt die Rede von sechs zum Dröhnen, die vernehmlich wird. Ins taubste Ohr dringt der Druck der Verkündigung, die sechsfach gesprochen ist. Ihr seid die Großen der Erde – die schwarzen Herren der Arbeit – steht auf und kommt: wir sagen das Ende der Zeit, die erfüllt ist – und sagen es wieder und wieder denen, die nicht verstehen können, weil sie im Blut noch den Wirbel tragen, der sie bis gestern schüttelte. Steht auf und geht!!

ERSTER SCHWARZER HERR *(nach einer Pause mit Blicken um den Tisch, die ihm begegnen).*
Sind wir einig?
(Die schwarzen Herren werfen die Arme hoch.)
Wir stellen eine Frist – bis Abend: ist uns die Entlassung des Ingenieurs bis dahin nicht mitgeteilt – wenden wir uns an die Regierung! – Wir gehen!
(Die schwarzen Herren ab.)

MILLIARDÄRSOHN *(sitzt am Tisch – streicht langsam über die grüne Decke – und murmelt).*

Nein – – nein – – nein – – nein – – nein – –
(Offizier – in äußerster Erregung – von links.)

OFFIZIER *(löst den Säbel und will ihn auf den Tisch legen. Doch reißt er ihn an sich und gürtet ihn sich wieder).*
Das – – kann – – ich – – nicht!!
(Er stellt sich hinten an die Wand und schießt sich in die Brust.)

MILLIARDÄRSOHN *(sieht hin – erhebt sich).*
Die andern sollen – die Welt einrenken!

Vierter Akt

Betonhalle; rund, dunsthoch. Von der Kuppel stäubendes Bogenlampenlicht.
In der Mitte schmale steile eiserne Tribüne.
Arbeiter in Versammlung; viel Frauen.
Stille.

STIMMEN *(mit schneller Verstärkung).*
Wer?!
(Ein Mädchen auf die Tribüne.)

MÄDCHEN *(Arme über sich).*
Ich!
(Stille.)

MÄDCHEN.
Von meinem Bruder sage ich das! – Ich wußte nicht, daß ich einen Bruder hatte. Ein Mensch ging morgens aus dem Hause und kam abends – und schlief. Oder er ging abends weg und war morgens zurück – und schlief! – Eine Hand war groß – die andere klein. Die große Hand schlief nicht. Die stieß in einer Bewegung hin und her – Tag und Nacht. Die fraß an ihm und wuchs aus seiner ganzen Kraft. Diese Hand war der Mensch! – Wo blieb mein Bruder? Der früher neben mir spielte – und Sand mit seinen beiden Händen baute? – In Arbeit stürzte er. Die brauchte nur die eine Hand von ihm – die den Hebel drückte und hob – Minute um Minute auf und nieder – auf die Sekunde gezählt! – Keinen Hub ließ er aus – pünktlich schlug sein Hebel an, vor dem er stand wie tot und bediente. Niemals machte er den Fehler – niemals irrte er in der Zählung. Seine Hand zählte aus seinem

Kopf, der nur ihr noch gehorchte! – Das blieb von meinem Bruder! –– Das blieb? An einem Mittag schlug es ein. Aus allen Lücken und Löchern schoß der Feuerstrom. Da fraß die Explosion auch die Hand. Da hatte mein Bruder das Letzte gegeben! –– Ist es zu wenig? – Hatte mein Bruder gefeilscht um den Preis, als man die Hand von ihm für den Hebel brauchte? Streifte er nicht willig den Bruder ab – und verschrumpfte in die zählende Hand? – Zahlte er nicht zuletzt die Hand noch? – Ist die Bezahlung zu schlecht –– um den Ingenieur zu heischen? –– Mein Bruder ist meine Stimme ––: arbeitet nicht – ehe der Ingenieur nicht vom Werk ist! – Arbeitet nicht – meines Bruders Stimme ist es!!

MÄDCHEN *(unten herandrängend).*

Mein Bruder ist es!! *(Das Mädchen zu ihnen hinunter.)*

(Stille.)

STIMMEN *(von neuem schwellend).*

Wer?!

(Mutter auf die Tribüne.)

MUTTER.

Ich!

(Stille.)

MUTTER.

Einer Mutter Sohn zermalmte die Explosion! Was ist das? Was erschlug das Feuer? Meinen Sohn? – Den kannte ich nicht mehr – den begrub ich in einer Frühe, als er zum erstenmal ins Werk wegging! – Sind zwei Augen, die starr wurden vom Blick auf Sichtglas, ein Sohn? – Wo war mein Kind – das ich geboren mit einem Munde zu lachen – mit Gliedern zu schwingen? Mein Kind – das Arme um mich schlang hinten auf meinen

Hals – und lustig küßte mich? Mein Kind? – Ich bin Mutter und weiß, was mit Wehen geboren in Leid verloren wird. Ich bin Mutter – und ächze nicht. Mein Schrei ist bewahrt in meinem Munde und stößt sich nicht aus. Ich bin Mutter – ohne Aufstand und Anklage! – – Nicht ich – hier ruft mein Kind. Mein Schoß entließ es mit der Geburt – tot strömt es in mich zurück – von Mutter zur Mutter! Mein Sohn ist wieder bei mir. Stürmt er nicht in meinem Blut? Reißt er nicht an meiner Zunge und schüttelt den Schrei frei: – Mutter! – wo warst du solange? – Mutter – du warst nicht bei mir! – Mutter – du ließt mich so bald allein – Mutter – du zerschlugst nicht das Sichtglas – das war doch nicht länger als ein Finger und dünn wie ein Fliegenflügel! – – Warum zerdrückte er es nicht selbst mit einem schwachen Griff? – Warum brachte er dies Opfer, das seine Mutter ist? – Warum wurde sein Leib lahm – um in die starrenden Augen alle Kraft zu versammeln? Warum stachen ihm die die Flammen aus? Warum?! Warum?! Soll er alles leisten – und nichts fordern? Ist es groß vor seinem Verlust? Hier: eine Mutter – und drüben der Ingenieur!!

(Frauen schieben sich unten dicht.)

FRAUEN.

Mein Sohn ist es!!

MUTTER.

Mutter und Mutter und Mutter ihr – Söhne schreien in euch – erstickt es nicht: bleibt weg vom Werk – bleibt weg vom Werk – – da ist der Ingenieur!!

FRAUEN.

Bleibt weg vom Werk!!

MUTTER *(von der Tribüne hinab zwischen die Frauen).*

(Stille.)

STIMMEN *(laut).*

Wer?!

FRAU *(auf die Tribüne).*

Ich!

(Stille.)

FRAU.

Ein Tag war Hochzeit. Klavier spielte nachmittags. Alle tanzten durch die Stuben. Ein ganzer Tag – mit Morgen – Mittag – und Nacht. Mein großer Mann war *einen* Tag bei mir. Ein Tag vom Morgen bis nachts. *Ein* Tag war sein Leben! – Ist es zuviel? Weil ein Tag Morgen – Mittag – und Abend hat? Und noch die Nacht? Ist das zu lang für ein Leben? – Herrlich lang ist es – vierundzwanzig Stunden – und Hochzeit! Hochzeit und vierundzwanzig Stunden – und Klavier – und Tanzen sind doch ein Leben. Was will ein Mann! Zwei Tage leben? Was ist das für eine Zeit! Das reicht in die Ewigkeit. Die Sonne würde müde, ihn zu bescheinen! Hochzeit ist *ein* Mal – und der Triebwagen rollt immer. Vorwärts – und rückwärts – rückwärts – vorwärts – der Mann rollt mit. Der Mann rollt mit – weil der Fuß an ihm ist. Bloß sein Fuß ist wichtig – der tritt den Schaltblock – auf Stillstand und Antrieb – tritt und tritt und tritt schon ohne Mann, der mitrollt. Wenn nur nicht der Fuß so fest an dem Mann wäre! Der Mann könnte leben – aber sein Fuß hält ihn auf dem Triebwagen, der vorwärts und rückwärts rollt – tagein tagaus mit dem Manne am Fuß! – Kam nicht die Explosion? Warum verbrannte mein Mann? Warum der ganze Mann? Nicht allein der Fuß, der nur wichtig war von meinem Mann? Warum um einen Fuß mein Mann mit Rumpf und Gliedmaßen? – Weil Fuß und Rumpf und Glieder mein Mann sind – und sein Fuß nicht ohne den Mann schaltet. Sein Fuß schaltet nicht abgetrennt – er braucht meinen Mann! – – – – Ist das Werk wie mein Mann – der einen Hochzeitstag lebte – und sein lebelang gestorben war? – Wechselt man nicht Stücke mit neuen Stücken – und das Werk läuft wie vorher? Ist nicht jeder ein Stück, das getauscht wird mit jedem – und das Werk treibt weiter? – – Tretet nicht ein für den Mann am Hebel – – tretet nicht ein für den Mann am Sichtglas – – tretet nicht ein für meinen Mann auf dem Triebwagen – – – –: der Ingenieur versperrt euch den Platz – – der Ingenieur versperrt euch den Platz!!

FRAUEN *(um die Tribüne).*

Nicht für meinen Mann!!

MÄDCHEN.

Nicht für meinen Bruder!!

MÜTTER.

Nicht für meinen Sohn!!

(Frau von der Tribüne.
Arbeiter auf die Tribüne.)

ARBEITER.

Mädchen – ich bin der Bruder! Mit meinem Schwur bin ich der Bruder. Mit meinem Schwur bin ich verbrannt. Unterm Schutt liege ich, bis du mich an den Hebel schickst – für deinen Bruder, der aufflog! – – Hier seine Hand – breit und steif für *einen* Griff am schnappenden Hebel! – – Die Hand hatte ihren Gewinn – er häufte sich in ihrer Mulde – sie schaffte ihn eifrig nachhaus. Da zählte sie ihn nicht – da lag er im Schube – da füllte er den Kasten! – Da wurde er wertlos! – Was kauft sich seine

Hand – an der dein Bruder tot ist? – Was sind das für Wünsche, die eine Hand hat? Ein einzige Hand – und der volle Gewinn im Kasten? – – Die Hand ist bezahlt – dein Bruder nicht! Verbrannt – ist er lebendig geworden – – hier schreit er nach seinem Lohn –: gebt den Ingenieur her – gebt den Ingenieur her!!

ARBEITER *(um die Tribüne).*

Bruder bin ich!! *(Arbeiter zu ihnen hinunter.)*

ARBEITER *(schon oben).*

Mutter – ich bin dein Sohn! – Um seine Augen – stier vorm Sichtglas – wuchs er wieder. Dein Sohn ist wieder Puls und Stimme! – Mutter – ich gab mich hin für ein Sichtglas von Fingerlänge! – Mutter – ich lieferte mich aus für meine Augen auf Sichtglas! – Mutter – ich starb an ganzem Leibe – und kroch nur in meine zwei Augen! – – Ich rollte dir alles Geld über den Tisch – du fingst es nicht in der Schürze – es schüttelte auf den Boden! – Mutter – jetzt bückst du dich nicht mehr danach – sammle es nicht – schichte es nicht zu Säulen – die tragen kein Gebälk, unter denen dein Sohn wohnt: – seine Kapsel ist das Sichtglas – eng und giftig! – – Lest die Tabellen und sucht nach dem Preis für eine Mutter! – Für mein Blut und meiner Mutter Blut – das die Augen tranken am Sichtglas! – – Rechnet die Quoten, die den Gewinn verteilen – und zählt alle zusammen: bezahlen sie die Mutter und einer Mutter Sohn?!! Die Augen am Sichtglas haben ihren Gewinn – der Mutter Sohn ging leer aus! – Kann er nicht den Himmel und die Erde fordern für diese Schuld?? – – Will er sie nicht mit dem kleinsten Entgelt sich begleichen lassen? – – Was ist das wert für sein Opfer: – – der Ingenieur?!! – – Nur der Ingenieur – und meine Augen sehen an der Mutter vorbei und starren ins Sichtglas! -- Nur der Ingenieur -- nur der Ingenieur!

ARBEITER *(an der Tribüne unten).*

Sohn bin ich! *(Arbeiter von der Tribüne zwischen sie.)*

ARBEITER *(auf die Tribüne).*

Frau – deine Hochzeit kommt noch einmal! Der Tag – mit Morgen und Mittag und Abend gehört dir wieder! – Ein Tag ist es – und alle Tage nachher sind keine Tage für dich! – Dein Mann rollt wieder auf dem Triebwagen – vorwärts und rückwärts – ein Mann am Fuß, der schaltet! – Lachst du nicht – *ein* Tag ist euer Leben! -- Frau und Mann mit einem ganzen Tag – ist nicht Zeit vergeudet, da der Triebwagen saust? – Tastet der Fuß im Tanz nicht schon nach dem Schaltblock? – Erstickt das Klavier das Reiben der Räder im Geleise? -- Kein Tag ist euch – du und dein Mann! – Kein Tag hat Morgen und Mittag und Nacht – keine Stunde für Frau und Mann! – Der Triebwagen fährt – und der Fuß hält den Takt – und der Takt fängt den Mann! – Aus einem Eimer soll ein Tropfen Fluß werden – aus tausend Tagen *ein* Tag Leben? – Täuscht euch nicht – kein Leben ist in *einem* Tag! – Täuscht euch nicht im Gewinn: kein Gewinn gibt sich an *einem* Tag aus! – Ihr habt den Gewinn – und kein Leben! – Was soll euch der Gewinn, den der Fuß schafft – der den Mann arm zu leben macht? -- Ihr habt die Zeit verloren -- und in der Zeit das Leben – alles habt ihr verloren -- Zeit und Leben -- und speit auf den Gewinn, der nichts taugt – vor diesem Verlust! -- Schreit euren Verlust -- und füllt eure Münder mit Zorn und Zank -- schreit: Zeit und Leben verloren -- schreit!! -- Schreit!! -- Schreit euren Anspruch -- schreit euren Willen -- schreit, daß ihr wollt – – schreit, daß ihr Stimme habt – – schreit, daß ihr schreien könnt: – – – – der Ingenieur!!

ARBEITER *(in aller Halle).*

Wir schreien!!!!

(Arbeiter von der Tribüne.)

ARBEITER *(oben).*

Mädchen und Mädchen – wir versprechen es euch! – Frauen und Frauen – wir versprechen es euch! – Mütter und Mütter – wir versprechen es euch –: keiner von uns schürft im Schutt – keiner von uns baut einen Ziegel – keiner von uns nietet im Stahl! – – Unerschütterlich bleibt unser Beschluß: niederliegt das Werk – ohne neuen Ingenieur!! – – Füllt diese Halle an jedem Tag – Brüder und Brüder – Söhne und Söhne – Männer und Männer – jeder mit jedem entschlossen – und in der Versammlung unbeugsam *ein* Willen – aufwärts die Arme – los vom Mund das Gelöbnis – – kein Gas – – mit diesem Ingenieur!!

ALLE MÄNNER und ALLE FRAUEN

Kein Gas!! – – Mit diesem Ingenieur!!

(Arbeiter von der Tribüne.)

FREMDER ARBEITER.

Mit euch stimmt unser Beschluß – ich komme zu euch von unserm Werk – das ruht! Wir warten an eurer Seite – bis ihr uns das Signal wieder gebt zu arbeiten. Zählt auf uns – und fordert!

ALLE MÄNNER und ALLE FRAUEN.

Der Ingenieur!!!!

(Fremder Arbeiter von der Tribüne.
Anderer fremder Arbeiter oben.)

FREMDER ARBEITER.

Ich bin euch fremd. Ihr kennt mich nicht. Ich komme

von entlegenem Werk. Ich bringe die Botschaft von uns: wir sind von der Arbeit in unserm Werk weg, weil ihr feiert. Wir sind im Bunde mit euch bis zum letzten. Dauert aus – bleibt fest –: ihr müßt fordern – ihr fordert für alle – ihr tragt die Verantwortung für alle!!

ALLE MÄNNER und ALLE FRAUEN.

Der Ingenieur!!!!

(Fremder Arbeiter herunter.)

ARBEITER *(oben).*

Die Halle birst nicht von unserm Schrei!! Er donnert in der Kuppel und kracht vom Beton – er tost nicht hinaus!! – – Heraus aus der Halle – – hin vor das Haus – – der Schrei zu ihm hoch – – ins Gehör ihm, der den Ingenieur hält!! – – Rottet den Zug – über die Schutthalde – – hin zu ihm – – er hört uns hier nicht – – er hört uns hier nicht!!

ALLE MÄNNER und ALLE FRAUEN.

Hin vor das Haus!!!! – – – – er hört uns hier nicht!!!!

(Wühlende Bewegung nach Ausgängen – Tumult in Brausen.)

MILLIARDÄRSOHN *(Stimme).*

Ich höre euch hier!

(Totenstille.)

MILLIARDÄRSOHN *(Stimme).*

Ich bin in der Halle! – – – – Ich habe euch gehört!

(Summendes Suchen nach ihm.)

MILLIARDÄRSOHN *(Stimme).*

Ich will euch antworten – – hier in der Halle!

(Bewegung in Wachsen.)

MILLIARDÄRSOHN *(Stimme).*

Ihr sollt mich nun hören!

(Schon Gasse vor ihm.)

SCHREIBER *(auf die Tribüne gejagt).*
Laßt ihn nicht sprechen!! -- Laßt ihn nicht herauf!! -- Steht dicht -- macht nicht Platz!! -- Rennt aus der Halle!! -- Rennt zum Werk!! -- Rennt -- und säubert den Schutt -- richtet die Gerüste -- baut das Werk!! -- Hört ihn nicht!! -- Hört ihn nicht!! -- Hört ihn nicht!! -- Rennt!! -- Rennt!! -- Rennt!! -- Ich renne voran!! -- an meinen Tisch!! -- ich schreibe!! -- ich schreibe!! -- ich schreibe!! *(Herunter.)*

MILLIARDÄRSOHN *(oben).*
Ich bin von Anfang an in der Halle gewesen. Ihr konntet mich nicht unterscheiden, weil ich mit euch schrie. Dir, Mädchen, war ich Bruder wie einer – dir, Frau, war ich Mann wie einer – dir, Mutter, war ich Sohn wie einer. Kein andrer Schrei drang aus meinem Munde als eurer! – Jetzt seht ihr mich hier. Hier stehe ich jetzt über euch – weil sich in meinem Munde der letzte Aufruf formt, den ihr nicht löst! – Ihr fordert – und was ihr fordert, ist ein Korn vom Gebirge eurer Forderungen, die ihr stellen müßt. Ihr scheltet und zankt um das Geringste. Was ist der Ingenieur? – Was ist euch der Ingenieur? Was ist er euch, die ihr aus dem Feuer und Einsturz kommt? Was euch, die ihr aus der Vernichtung übrig seid? Was ist der Ingenieur euch?! – Euer Schrei ist es – eines Schreies Wort, das nicht gilt – nur schallt! ---- Ich weiß es: der Ingenieur reizt es in euch auf – sein Anblick wird das Entsetzen in euch erneuern, wo ihr ihn seht. Der Ingenieur und die Explosion sind eins – die Formel bannte das Gas nicht – die Formel hat dieser Ingenieur verwaltet – die die Explosion brachte. Ihr löscht die Explosion erst aus, wenn ihr den Ingenieur vertreibt. Darum schreit ihr

zuerst nach dem Ingenieur! – – – – Wißt ihr es nicht, daß die Formel stimmt? Daß sie stimmte und stimmt bis an aller Rechnung Ende, die ein Ingenieur rechnet? – – Ihr wißt es – und doch schreit ihr nach dem Ingenieur!

STIMMEN *(murrend)*.

Der Ingenieur!

MILLIARDÄRSOHN.

Euer Schrei stürzt aus tieferen Gründen! – Eure Forderung heischt mehr und mehr! – Ich stachle euch an – – fordert mehr – – fordert mehr!!

STIMMEN *(still)*.

MILLIARDÄRSOHN.

Was ist die Explosion furchtbar? Was zerriß oder verbrannte sie? Zischte sie nach einem von euch – der nicht schon verstümmelt vor aller Explosion war? Mädchen – dein Bruder, war er heil? – Mutter – dein Sohn, war er heil? – Frau – dein Mann, war er heil? War einer heil im Werk, das aufflog? Was richtete die Explosion für Verwüstungen an euch noch an?! – – Erschlagen wart ihr vor dem Einsturz – verwundet vor dem Einschlag – –: mit *einem* Fuß – mit *einer* Hand – mit heißen Augen im toten Kopf wart ihr vorher Krüppel! – – Kann *das* der Ingenieur vergelten? – – Kann *eine* Forderung das vergüten? – – Fordert mehr – – fordert mehr!

MÄDCHEN, FRAUEN, MÜTTER *(schrill)*.

Mein Bruder –! Mein Sohn –! Mein Mann!

MILLIARDÄRSOHN.

Bruder und Brüder – Sohn und Söhne – Mann und Männer: aufsteigt der Ruf, der aus der Halle fährt – über den Schutt – über die Verschüttung von Bruder und Brüdern – von Sohn und Söhnen – von Mann und Män-

nern -- und kreisend in euch zurückweht: – fordert euch!! -- fordert euch!!
(Stille.)

MILLIARDÄRSOHN.
Fordert ---- und ich will erfüllen! -- Menschen seid ihr – im Sohn – im Bruder – im Mann! Fließende Vielheit aus euch zu jedem um euch. Keiner ist Teil – in Gemeinschaft vollkommen der einzelne. Wie *ein* Leib ist das Ganze – und das ist *ein* Leib! -- Sammelt euch aus der Zerstreuung – und aus der Verletzung heilt euch: -- seid Menschen!!
(Stille.)

MILLIARDÄRSOHN.
Fordert -- und ich will erfüllen! – Bruder – du bist Mensch. Deine Hand um den Hebel lähmt dich nicht mehr! – Sohn – du bist Mensch – deine Augen schweifen vom Sichtglas in Weite! – Mann – du bist Mensch – dein Tag ist Tag deiner Zeit, die du lebst!!
(Stille.)

MILLIARDÄRSOHN.
Raum ist euer – und Allheit im Raum, der euch beherbergt! – Ihr seid Menschen darin! Menschen – mit jedem Wunder bekannt – entschlossen zu jeder Erschließung! – In euch braust der Himmel und flutet die Fläche mit Farbe der Gräser! – Werktag ist groß – mit neuen Erfindungen in euch – die keine sind! – Ihr seid vollendet – von diesem Anfang an! – Menschen – nach letzter Schicht – fertig mit dem Werk, zu dem ihr verpflichtet wart! – Ihr habt die Schicht gestellt bis zur äußersten Leistung -- Tote bedecken den Boden -- ihr seid bestätigt!!
(Stille.)

MILLIARDÄRSOHN.

Was ihr fordert – erfülle ich: – – Menschen in Einheit und Fülle seid ihr morgen! – – Triften von Breite in Grüne sind neuer Bezirk! Über Schutt und Trümmer, die liegen, erstreckt sich die Siedlung. Ihr seid alle entlassen aus Fron und Gewinn! – Siedler mit kleinstem Anspruch – und letzter Entlohnung: – Menschen!!

(Stille.)

MILLIARDÄRSOHN.

Kommt aus der Halle – – betretet den neuen Grund – – ermeßt die Gebiete! Klein ist die Mühe – doch ins Maßlose drängt sich die Schöpfung!! – – Kommt aus der Halle!! *(Er verläßt die Tribüne.)*

(Stille.
Der Ingenieur auf die Tribüne.)

EINE STIMME *(schrill).*

Der Ingenieur!

INGENIEUR.

Ich bin hier! – Hört das: ich füge mich eurem Willen – ich verschwinde! Ich nehme den Makel an, der mir in die Stirn gebrannt wird – wenn ich gehe. Ich sammle alle Flüche, die in meinem Rücken losheulen – wenn mein Weggang das Geständnis meiner ungeheuren Schuld wird: – ich will schuldig sein! – – Ich gehe – – damit ihr ins Werk zurückkehrt! – Der Weg ist frei – – ins Werk!!

MILLIARDÄRSOHN *(unten).*

Kommt aus der Halle – – und richtet die Siedlung ein!

INGENIEUR.

Steht hier!! – – steht hier in der Halle!! – Stimme bin ich hier groß für euch – die dröhnt hier!!

MILLIARDÄRSOHN.

Kommt aus der Halle!

INGENIEUR.

Steht in der Halle – – seid nicht Betrüger!!

(Stimmen in Murren laut.)

MILLIARDÄRSOHN.

Schelten hallt hier noch – es verweht draußen!

INGENIEUR.

Ihr betrügt meine Schändung, mit der ihr mich ätzt! Ich gehe – jetzt müßt ihr ins Werk!!

MILLIARDÄRSOHN.

Stoßt die Türen auf – in die Tageshelle!

INGENIEUR.

Ihr müßt ins Werk!! – Häuft nicht Betrug auf Betrug – – wenn ihr euch selbst betrügt!! – – Kennt euren Sieg – der euch rühmt: – Gas!! – – – – – Eure Leistung schafft die Wunder in Stahl. Kraft stößt in Maschinen, die ihr treibt – Gas!! – – Ihr bewegt die Eile der Bahnen, die euren Triumph über Brücken donnern, die ihr nietet! – Ihr schiebt Dampferkolosse ins Meer – das ihr zerschneidet in Linien, die euer Kompaß bestimmt! – Türme von zitternder Steile baut ihr in die pfeifende Luft, die die Drähte bedroht, in die der Funken spricht! – Ihr hebt Motore vom Boden, die oben heulen vor Wut der Vernichtung ihres Gewichts, das in Wolken hinfliegt! – – Ihr – so wehrlos im Wesen – in Schwäche preisgegeben dem Tier, das euch anfällt – verletzbar in jeder Pore der Haut – ihr seid Sieger im Weltreich!!

(Tiefe Stille.)

MILLIARDÄRSOHN *(am Fuß der Tribüne nach dem Ingenieur zeigend).*

Der schlägt das Bilderbuch noch einmal vor euch auf – wie Kinder lest ihr darin – denn es sind die Taten eurer Kindheit. Jetzt entwachst ihr ins neue Alter!

INGENIEUR.

Helden seid ihr – in Ruß und Schweiß! Helden seid ihr am Hebel – vorm Sichtglas – am Schaltblock! – Reglos harrt ihr aus im Treiben der Riemen und mitten im Donner der polternden Kolben! – Und noch das Schwerste stößt in euch kein langes Erschrecken: – die Explosion!!

MILLIARDÄRSOHN.

Kommt aus der Halle!

INGENIEUR.

Wohin wollt ihr jetzt? – Aus eurem Reich in die Hürde? Trotten von früh bis spät im Quadrat eurer Siedlung? Pflanzen mit euren Händen, die Wuchten türmten, kleines Kraut? Euer Eifer – der nur noch ernährt – nicht schafft?!

MILLIARDÄRSOHN.

Kommt aus der Halle!

INGENIEUR.

Herrscher seid ihr hier – im Werk von allmächtiger Leistung – ihr schafft Gas! – Eure Herrschaft ist das – die ihr gründet in Schicht um Schicht – in Tag und Nacht – voll fiebernder Arbeit! – Tauscht ihr die Macht um den Halm, der sprießt, wie er sprießt? – – Herrscher seid ihr hier – – da seid ihr – – – –: Bauern!!

EINE STIMME *(schreit).*

Bauern!

ANDERE STIMMEN.

Bauern!!

NEUE STIMMEN.

Bauern!!!

ALLE MÄNNER und ALLE FRAUEN *(Brandung von Schreien und Fäuste auf.)*

Bauern!!!!

INGENIEUR *(steht mit großer triumphierender Geste).*

MILLIARDÄRSOHN *(auf Stufen der Tribüne).*

Hört ihr auf mich – – oder ihn?

ALLE MÄNNER und ALLE FRAUEN.

Der Ingenieur!!!!

INGENIEUR.

Die Explosion macht euch nicht feige. Wen beutelt die Furcht?!

MILLIARDÄRSOHN.

Will ich euch denn angst machen? – Stelle ich nicht den stärkeren Anspruch an euren Mut? – Verlange ich nicht von euch: – den Menschen? – Wie könnt ihr Bauern wieder sein – – nachdem ihr Arbeiter wart? – Wird nicht wieder ein Aufschwung von euch gefordert? – Der schon den Bauern überwand – der nun den Arbeiter überwindet – und den Menschen erzielt?! – Vorwärts schiebt euch die Aufgabe – nicht zurück! – Seid ihr nicht reif – nach dieser letzten Erfahrung? – Wohin könnt ihr noch – mit dem Werk eurer Hände und Schichten? – – Sind eure donnernden Bahnen und springenden Brücken und fliegenden Motoren Entgelt für euer Fieber? – Verlacht doch den billigen Lohn! – – Lockt euch der reiche Gewinn, den wir teilen? – Ihr vergeudet ihn wieder – wie ihr euch stärker verbraucht! – – Fieber ist es in euch – ein Taumel der Arbeit, die nichts trägt. Euch frißt sie – nicht ihr baut euer Haus! – Ihr seid nicht die Wärter – ihr sitzt im Kerker. Da sind Wände um euch – von euch errichtet. Kommt nun heraus!! – – Ihr seid Helden – die keinen Versuch unterschlagen! Bis ans Ende des Wegs dringt ihr kühn – kein Schrecken fällt in euren Schritt! – Der Weg ist zu Ende – *ein* Weg ist wieder zu Ende – lobt euren Mut mit neuem Mut: – – – – der Mensch ist da!!!!

INGENIEUR.
Bauern seid ihr mit faulem Fleiß!!

MILLIARDÄRSOHN.
Menschen in Allheit und Einheit!!

INGENIEUR.
Kleine Bedürfnisse verspotten euren Anspruch!!

MILLIARDÄRSOHN.
Eure Erwartung wird euch erfüllt!!

INGENIEUR.
Trägheit erschlägt eure Tage!!

MILLIARDÄRSOHN.
Zeitlos seid ihr beschäftigt!!

INGENIEUR.
Keine Erfindung wird Gebild!!

MILLIARDÄRSOHN.
In die einzige Form seid ihr entlassen – zu Menschen!!

INGENIEUR *(Revolver hoch über sich.)*
Schreit die Vernichtung!!

MILLIARDÄRSOHN.
Zieht aus der Vernichtung zur Vollendung – zu Menschen!!

INGENIEUR.

Schreit meine Vernichtung wieder – und strömt ins Werk!! *(Mündung an der Schläfe.)*

(Stille.)

INGENIEUR.

Wagt den Ruf!!

STIMME *(ausbrechend).*

Der Ingenieur soll uns führen!

STIMMEN und STIMMEN.

Der Ingenieur soll uns führen!!!

ALLE FRAUEN und ALLE MÄNNER

Der Ingenieur soll uns führen!!!!

INGENIEUR.

Kommt aus der Halle!! – – ins Werk!! – – von Explosion zu Explosion!! – – Gas!!

ALLE FRAUEN und ALLE MÄNNER.

Gas!!!!

INGENIEUR *(von der Tribüne).*

(Breite Türen auf: Abstrom der Arbeiter.)

MILLIARDÄRSOHN *(auf die Tribüne taumelnd).*

Erschlagt nicht den Menschen!! – – Macht keine Krüppel! – – Du Bruder bist mehr als eine Hand!! – – Du Sohn bist mehr als Augen!! – – Du Mann lebst mehr als *einen* Tag!! – – Ewig und vollkommen seid ihr alle von Ursprung her – – verstümmelt euch nicht in die Zeit und die Handreichung!! – – Seid größer begierig – – nach euch – – – – – nach euch!!!!

(Leere Halle.)

MILLIARDÄRSOHN *(stark).*

Ich habe den Menschen gesehen – – ich muß ihn vor sich selbst schützen!

Fünfter Akt

Backsteinmauer – von der Explosion teilweise abgetragen und geschwärzt. Darin breites Eisentor – halb aus den Angeln geworfen. Schutthalde.
Draußen Soldat mit Bajonett auf dem Gewehr.
Milliardärsohn – im Schutze der Mauer stehend – Tuch um den Kopf.
Hauptmann wartet mitten.

MILLIARDÄRSOHN.
Es ist ein gräßliches Mißverständnis. Ich muß sprechen können – und es aufklären.

HAUPTMANN.
Man hat Sie mit Steinwürfen empfangen.

MILLIARDÄRSOHN.
Sie tun es nicht zweimal, wenn sie sehen, daß sie mich verletzt haben.

HAUPTMANN.
Dafür kann ich nicht bürgen.

MILLIARDÄRSOHN.
– – Das reizt sie: die Soldaten vor sich. Aber ich will doch den Grund sagen!

HAUPTMANN.
Sie haben den Schutz selbst nachgesucht.

MILLIARDÄRSOHN.
Nicht für meine Person. Das Werk will ich versperren. Das ist mit drei, vier Worten deutlich gemacht.

HAUPTMANN.
Man wird Sie nicht zum ersten kommen lassen.

MILLIARDÄRSOHN.

Sie dürfen mich doch nicht angreifen, wenn ich mich rechtfertigen will!

HAUPTMANN.

Halten Sie sich dicht an der Mauer!

MILLIARDÄRSOHN.

Wollen Sie mich hinausbegleiten?

HAUPTMANN.

Nein.

MILLIARDÄRSOHN.

Nicht?

HAUPTMANN.

Man könnte auch mich treffen – und ich müßte feuern lassen.

MILLIARDÄRSOHN.

Nein – nein – das nicht! – – Dann muß ich warten, bis sie zur Besinnung kommen!

(Draußen wird der Soldat von einem andern Soldaten abgelöst.

Lärm erhebt sich von tausenden Stimmen.)

MILLIARDÄRSOHN.

Warum schreien sie jetzt?

HAUPTMANN.

Der Posten wird abgelöst!

MILLIARDÄRSOHN.

Die Verwirrung ist fürchterlich! – Können sie denn nicht verstehen, was ich bezwecke? Meine Brüder sind sie – ich bin nur ein wenig älter, reifer – und muß die Hand über sie halten!

(Regierungsvertreter kommt von rechts.)

REGIERUNGSVERTRETER *(am Tor, hinausspähend).*
Das sieht böse aus.
(Zum Hauptmann.) Sind Sie jeder Möglichkeit gewachsen?

HAUPTMANN.
Maschinengewehre.
(Von neuem hat sich draußen der Tumult erhoben und tobt, bis der Regierungsvertreter vom Tor weggeht.)

REGIERUNGSVERTRETER *(zum Milliardärsohn – den Zylinder kurz lüftend – aus seiner Ledermappe Schriftstücke suchend).*
Das Außerordentliche und Gefährliche der Vorgänge in Ihrem Werk hat die Regierung veranlaßt, sich mit Ihnen zu besprechen. Entnehmen Sie meinen Auftrag.

MILLIARDÄRSOHN *(nimmt das Schriftstück – liest – sieht auf).*
Vollmacht?

REGIERUNGSVERTRETER.
In gewissem Falle. – Wollen wir hier verhandeln?

MILLIARDÄRSOHN.
Ich verlasse diesen Platz nicht.

HAUPTMANN.
Ich empfehle dringend, hinter der Mauer zu bleiben!

REGIERUNGSVERTRETER *(steckt das Schriftstück ein – entnimmt ein anderes).*
Die Vorgeschichte, die zu diesem Ausstand führte, ist wohl mit Richtigkeit festgehalten: nach der Katastrophe weigerten sich die Arbeiter, den Aufbau des Werkes zu beginnen, bevor nicht eine Forderung erfüllt wurde, die sie Ihnen stellten, die die Entlassung des Ingenieurs aussprach.

MILLIARDÄRSOHN.

Das hätte ja neue Katastrophen nicht verhindert!

REGIERUNGSVERTRETER.

Die Regierung kann nur Tatsachen berücksichtigen.

MILLIARDÄRSOHN.

Aber die Explosion kehrt bestimmt wieder: es gibt nur diese Formel – oder kein Gas!

REGIERUNGSVERTRETER.

Als Material lassen sich zukünftige Möglichkeiten nicht verwerten. – Die Forderung der Arbeiter wurde von Ihnen abgelehnt. In der Folge verharrten die Arbeiter im Streik, der sich über die benachbarten Werke ausbreitete und täglich weitere Komplexe ergreift!

MILLIARDÄRSOHN.

Ja – ja!

REGIERUNGSVERTRETER.

Inzwischen hat der Ingenieur seinen freiwilligen Rücktritt erklärt – in einer Versammlung der Arbeiter. Ein Stimmungsumschwung ließ dann die Arbeiter auf ihre Forderung verzichten, und nunmehr wurde das Verbleiben des Ingenieurs gewünscht.

MILLIARDÄRSOHN.

Ja!

REGIERUNGSVERTRETER.

Die Ursache des Ausstandes war damit beseitigt, und die Arbeiter wollten die Arbeit wieder aufnehmen.

MILLIARDÄRSOHN.

Da dringen sie auf Einlaß.

REGIERUNGSVERTRETER.
Jetzt traten Sie mit dem Verbot der Rückkehr auf. Sie stellen sich dabei auf den Standpunkt, daß Sie die Erzeugung von Gas nicht verantworten können.

MILLIARDÄRSOHN.
Nicht den Untergang von Menschen!

REGIERUNGSVERTRETER.
Die Regierung verkennt keineswegs die ungewöhnliche Schwere des Unglücks, das sich bedauerlicherweise ereignet hat.

MILLIARDÄRSOHN.
Das ist gering!

REGIERUNGSVERTRETER.
Die Zahl der Opfer hat die größte Teilnahme hervorgerufen. Die Regierung bereitet im Reichstage eine dahingehende Kundgebung vor. Die Regierung teilt die Auffassung, mit dieser Äußerung an prominenter Stelle Ihnen und der Arbeiterschaft genuggetan zu haben.

MILLIARDÄRSOHN.
Ja. Mehr steht nicht in eurer Macht. Das andere wird meine Aufgabe!

REGIERUNGSVERTRETER.
Von Ihren weiteren Absichten, die auf dauernde Stillegung des Werkes zielen, hat die Regierung mit schwersten Bedenken Kenntnis genommen.

MILLIARDÄRSOHN.
Zweifeln Sie nicht an meiner Kraft, ich setze meine Pläne durch!

REGIERUNGSVERTRETER *(mit einem neuen Schriftstück)*.
Es haben bereits Erwägungen stattgefunden, wie die Gefahr zu bannen sein wird.

MILLIARDÄRSOHN.

Geben Sie mir Soldaten und sichern Sie mich, damit ich draußen zu Worte kommen kann!

REGIERUNGSVERTRETER.

Die Gefahr, die aus der Einstellung der Erzeugung von Gas droht, veranlaßt die Regierung, Ihnen vertrauliche Mitteilungen zu machen.

MILLIARDÄRSOHN *(starrt ihn an).*

Sie – verlangen – Gas?!

REGIERUNGSVERTRETER.

Die gesamte Rüstungsindustrie ist auf Gas eingerichtet. Das Fehlen dieses Betriebsstoffes würde die Fabrikation des Waffenmaterials auf das empfindlichste schädigen. Wir stehen vor einem Kriege. Ohne die Rohenergie von Gas wird das Rüstungsprogramm undurchführbar. Aus diesem schwerwiegenden Grunde kann die Regierung eine längere Unterbrechung in der Lieferung von Gas an die Waffenwerke nicht dulden!

MILLIARDÄRSOHN.

Bin – ich – hier – nicht – Herr – meines – Bodens?!

REGIERUNGSVERTRETER.

Die Regierung hat den aufrichtigen Wunsch, sich mit Ihnen zu verständigen. Sie erklärt sich bereit, in jeder Weise den Aufbau zu unterstützen. Zu diesem Zweck treffen in dieser Stunde vierhundert Lastkraftwagen mit Werkzeug ein. Die Räumung des Schuttfeldes kann sofort in Angriff genommen werden!

MILLIARDÄRSOHN.

– – Waffen – – gegen den Menschen?!!

REGIERUNGSVERTRETER.

Ich bitte Sie meine Eröffnungen mit strengster Verschwiegenheit zu behandeln.

MILLIARDÄRSOHN.

Ich -- schreie!! -- Ich suche Mitwisser an allen Ecken und Enden!!

REGIERUNGSVERTRETER.

Ich begreife Ihre Erregung. Doch sieht sich die Regierung vor die härteste Notwendigkeit gestellt!

MILLIARDÄRSOHN.

Lästert nicht!! -- Der Mensch ist notwendig!! -- Schlagt ihm nicht neue Wunden --- wir heilen die alten mit Mühe!! -- Laßt mich zu ihnen hinaus -- ich muß alle --- *(Am Tor. Von Geheul empfangen.)*

HAUPTMANN *(reißt ihn zurück)*.

Sie entfesseln den Sturm!

MILLIARDÄRSOHN *(taumelt an die Mauer zurück)*.

---- Sind wir alle besessen?!

REGIERUNGSVERTRETER.

Der Regierung wird es nun wichtig zu wissen, ob Sie bei Ihrer Weigerung, die Arbeiter einzulassen, beharren?

MILLIARDÄRSOHN.

Jetzt sehe ich erst -- die Pflicht!!

REGIERUNGSVERTRETER.

Ihre frühere Ablehnung wird von Ihnen aufrecht erhalten?

MILLIARDÄRSOHN.

Solange ich atmen und reden kann!!

REGIERUNGSVERTRETER.

Dann muß ich von meiner Vollmacht Gebrauch machen. Die Regierung sieht sich auf Grund der Gefährdung der

Landesverteidigung gezwungen, Sie von der eigenen Verfügung über Ihr Werk vorläufig zu entheben und die Herstellung von Gas unter Staatsregie zu betreiben. Der Wiederaufbau des Werks geschieht mit Vorschuß des Reichs und wird sofort begonnen. Wir dürfen hoffen, daß Sie keinen Versuch eines Widerstandes unternehmen. Wir würden bedauern, gegen Sie schärfere Maßregeln anwenden zu müssen! – Herr Hauptmann, öffnen Sie das Tor – ich will den Arbeitern das Erforderliche mitteilen!

(Am Tor.

Lärm bricht tosend los.)

HAUPTMANN.

Zurück!! – – Steine!!

REGIERUNGSVERTRETER *(in den Schutz der Mauer tretend).*

Das ist unerhört!

(Der Tumult hält an.)

REGIERUNGSVERTRETER.

Die Leute verhindern einfach –

MILLIARDÄRSOHN.

Ich fürchte mich nicht!!

(Am Tor.

Stärkste Erhebung draußen.)

MILLIARDÄRSOHN *(mit hochwinkenden Armen).*

(Brandung des Schreiens sich nähernd.)

HAUPTMANN *(dem Regierungsvertreter zuschreiend).*

Sie kommen!!

(Durchs Tor – befiehlt nach links. Maschinengewehrabteilung kommt und postiert sich rasch. Hauptmann: den blanken Degen über sich – bereit, das Zeichen zu geben.

Tiefe Stille.)

REGIERUNGSVERTRETER *(beim Milliardärsohn).*
Verhüten Sie denn nicht Blutvergießen?!

MILLIARDÄRSOHN *(steht gelähmt).*

REGIERUNGSVERTRETER.
Hier –! *(Er gibt ihm sein Taschentuch.)*
Das Zeichen wird verständlich sein. Schwenken Sie das weiße Tuch!

MILLIARDÄRSOHN *(tut alles mechanisch).*

REGIERUNGSVERTRETER.
Sehen Sie – das wirkt. Sie lassen die Steine fallen!
(Zum Hauptmann.) Das Tor weit auf!
(Soldaten öffnen das Tor.)
Ziehen Sie den Kordon zurück!
(Hauptmann und Maschinengewehrabteilung ab. Zum Milliardärsohn.)
Ich werde draußen verkünden, wo die Wagen mit dem Werkzeug eintreffen. Ich führe die Leute hin!
(Durchs Tor – ab.
Bald hoher heller Lärm draußen – und sich schnell entfernend.
Stille.)

MILLIARDÄRSOHN *(läßt sich auf einen Schutthaufen nieder).*
(Tochter – in Schwarz – kommt.)

TOCHTER *(geht zu ihm – umfaßt seine Schultern).*

MILLIARDÄRSOHN *(sieht verwundert auf).*

TOCHTER.
Erkennst du mich nicht?

MILLIARDÄRSOHN.
Tochter – – in Schwarz?

TOCHTER.
Mein Mann lebt nicht mehr.

MILLIARDÄRSOHN.
Vorwürfe? – – Steinwürfe auch aus deinen Händen nach mir?

TOCHTER *(schüttelt den Kopf).*
– – Bist du hier allein?

MILLIARDÄRSOHN.
Zuletzt allein wie jeder, der sich mit allen vermischen wollte!

TOCHTER *(rührt an das Tuch um seine Stirn).*
Haben sie dich getroffen?

MILLIARDÄRSOHN.
Auch mich. Auch mich. Es gibt Pfeile, die zurückprallen und beide verwunden – Ziel und Schützen!

TOCHTER.
– – Ist die Gefahr beseitigt?

MILLIARDÄRSOHN.
Sind Menschen geboren? Von Menschen – Menschen, die nicht schreien und greulich drohen? Überschlug sich die Zeit – und schickte den Menschen ins Licht? Wie ist sein Anblick?

TOCHTER.
Mir sage es!

MILLIARDÄRSOHN.
Ich verlor sein Bild. Wie sah er aus?
(Er nimmt ihre Hände.) Das sind Hände – und an den Wuchs verflochten –
(Ihre Arme umfassend.) Das sind Glieder – und dem Leib vereint – – Teile aus Einem wirksam – – und *eine* Regung in jedem! – – – –

TOCHTER.

Sage es mir!

MILLIARDÄRSOHN.

Treibt der Strom nicht zu wüst und schwemmt es durch die Ufer, die es nicht halten? Läßt sich das Wehr nicht bauen, das die Flut staut? Hemmt sich nicht die Raserei und tritt ins Gefild aus und überwuchert mit Wachstum die Fläche in Grüne? Gibt es kein Halten?! – –

(Die Tochter dicht vor sich ziehend.) Sage es mir: wo ist der Mensch? Wann tritt er auf – und ruft sich mit Namen: – Mensch? Wann begreift er sich – und schüttelt aus dem Geäst sein Erkennen? Wann besteht er den Fluch – und leistet die neue Schöpfung, die er verdarb: – – den Menschen?! – – Schaute ich ihn nicht schon an – wurde er mir nicht deutlich mit jedem Zeichen seiner Fülle – von großer Kraft mächtig – still in voller Stimme, die redet: – Mensch?! – – War er nicht nahe zu mir – – kann er verlöschen – – muß er jetzt nicht wieder und wieder kommen, wenn einer ihn einmal erblickte?! – Muß er nicht ankommen – morgen und morgen – und in stündlicher Frist?! – – Bin ich nicht Zeuge für ihn – und für seine Herkunft und Ankunft – – ist er mir nicht bekannt mit starkem Gesicht?! – – – – Soll ich noch zweifeln?!!

TOCHTER *(nieder in Knie).*

Ich will ihn gebären!

Gas. Zweiter Teil

Personen

MILLIARDÄRARBEITER

GROSSINGENIEUR

ERSTE ZWEITE DRITTE VIERTE FÜNFTE SECHSTE SIEBENTE	BLAUFIGUR
ERSTE ZWEITE DRITTE VIERTE FÜNFTE SECHSTE SIEBENTE	GELBFIGUR

Arbeitermänner, Arbeiterfrauen, Arbeitergreise, Arbeitergreisinnen, Arbeiterhalbwüchsige

Erster Akt

Betonhalle. Stäubendes Bogenlampenlicht. Von dunsthoher Kuppel Drähte dicht senkrecht nach der eisernen Tribüne und weiter schräg verteilt an kleine eiserne Tische – drei rechts, drei links. Rotfarbig nach links – grünfarbig nach rechts die Drähte. An jedem Tisch eine Blaufigur – in Uniform steif sitzend – starrend auf Glasscheibe im Tisch, die – rot links, grün rechts – aufleuchtend das Gesicht mitfärbt. Quervorn längerer eiserner Tisch mit schachbretteiliger Platte, darin grüne und rote Stöpsel – von der ersten Blaufigur bedient.
Stille.

ZWEITE BLAUFIGUR *(vor rotheller Scheibe).*
Meldung von drittem Kampfabschnitt: Ballung von Feind im Werden.
(Scheibe verlöscht.)
ERSTE BLAUFIGUR *(umsteckt roten Stöpsel).*
FÜNFTE BLAUFIGUR *(vor grünheller Scheibe).*
Meldung von drittem Werk: Leistung ein Strich unter Auftrag.
(Scheibe verlöscht.)
ERSTE BLAUFIGUR *(umsteckt grünen Stöpsel).*
DRITTE BLAUFIGUR *(vor rotheller Scheibe).*
Meldung von zweitem Kampfabschnitt: Ballung von Feind im Werden.
(Scheibe verlöscht.)
ERSTE BLAUFIGUR *(umsteckt roten Stöpsel).*

SECHSTE BLAUFIGUR *(vor grünheller Scheibe).*
Meldung von zweitem Werk: Leistung ein Strich unter Auftrag.
(Scheibe verlöscht.)

ERSTE BLAUFIGUR *(umsteckt grünen Stöpsel).*

VIERTE BLAUFIGUR *(vor rotheller Scheibe).*
Meldung von erstem Kampfabschnitt: Ballung von Feind im Werden.
(Scheibe verlöscht.)

ERSTE BLAUFIGUR *(umsteckt roten Stöpsel).*

SIEBENTE BLAUFIGUR *(vor grünheller Scheibe).*
Meldung von erstem Werk: Leistung zwei Strich unter Auftrag.
(Scheibe verlöscht.)

ERSTE BLAUFIGUR *(umsteckt grünen Stöpsel).*
(Stille.)

ZWEITE BLAUFIGUR *(vor rotheller Scheibe).*
Meldung von drittem Kampfabschnitt: Losbruch von Feind in rollen.
(Scheibe verlöscht.)

ERSTE BLAUFIGUR *(umsteckt roten Stöpsel).*

FÜNFTE BLAUFIGUR *(vor grünheller Scheibe).*
Meldung von drittem Werk: Leistung drei Strich unter Auftrag.
(Scheibe verlöscht.)

ERSTE BLAUFIGUR *(umsteckt grünen Stöpsel).*

DRITTE BLAUFIGUR *(vor rotheller Scheibe).*
Meldung von zweitem Kampfabschnitt: Losbruch von Feind in rollen.
(Scheibe verlöscht.)

ERSTE BLAUFIGUR *(umsteckt roten Stöpsel).*

SECHSTE BLAUFIGUR *(vor grünheller Scheibe).*
Meldung von zweitem Werk: Leistung fünf Strich unter Auftrag.
(Scheibe verlöscht.)

ERSTE BLAUFIGUR *(umsteckt grünen Stöpsel).*

VIERTE BLAUFIGUR *(vor rotheller Scheibe).*
Meldung von erstem Kampfabschnitt: Losbruch von Feind in rollen.
(Scheibe verlöscht.)

ERSTE BLAUFIGUR *(umsteckt roten Stöpsel).*

SIEBENTE BLAUFIGUR *(vor grünheller Scheibe).*
Meldung von erstem Werk: Leistung acht Strich unter Auftrag.
(Scheibe verlöscht.)

ERSTE BLAUFIGUR *(umsteckt grünen Stöpsel).*
(Stille.)

ZWEITE BLAUFIGUR *(vor rotheller Scheibe).*
Meldung von drittem Kampfabschnitt: Einbruch von Feind in wachsen.
(Scheibe verlöscht.)

ERSTE BLAUFIGUR *(umsteckt roten Stöpsel).*

FÜNFTE BLAUFIGUR *(vor grünheller Scheibe).*
Meldung von drittem Werk: Leistung neun Strich unter Auftrag.
(Scheibe verlöscht.)

ERSTE BLAUFIGUR *(umsteckt grünen Stöpsel).*

DRITTE BLAUFIGUR *(vor rotheller Scheibe).*
Meldung von zweitem Kampfabschnitt: Einbruch von Feind in wachsen.
(Scheibe verlöscht.)

ERSTE BLAUFIGUR *(umsteckt roten Stöpsel).*

SECHSTE BLAUFIGUR *(vor grünheller Scheibe)*.
Meldung von zweitem Werk: Leistung elf Strich unter Auftrag.
(Scheibe verlöscht.)

ERSTE BLAUFIGUR *(umsteckt grünen Stöpsel)*.

VIERTE BLAUFIGUR *(vor rotheller Scheibe)*.
Meldung von erstem Kampfabschnitt: Einbruch von Feind in wachsen.
(Scheibe verlöscht.)

ERSTE BLAUFIGUR *(umsteckt roten Stöpsel)*.

SIEBENTE BLAUFIGUR *(vor grünheller Scheibe)*.
Meldung von erstem Werk: Leistung *zwölf* Strich unter Auftrag.
(Scheibe verlöscht.)

ERSTE BLAUFIGUR *(ins Telephon vor sich)*.
Der Großingenieur!
(Großingenieur kommt: gealtert ins Petrefakt fanatischer Werkenergie; kantiges Profil – Haarkamm weiß; weißer Kittel.)

ERSTE BLAUFIGUR.
Zählstationen kontrollieren verminderte Herstellung von Gas. Nach Strichen bis zwölf bleibt Sein hinter Soll.

GROSSINGENIEUR.
Zusammenbrüche von Arbeitern vor Sichtglas – auf Schaltblock – an Hebel.

ERSTE BLAUFIGUR.
Warum kein Ersatz?

GROSSINGENIEUR.
Jede Schicht ausgemustert ohne ein letztes Zuviel von Mann oder Frau.

ERSTE BLAUFIGUR.
Tritt Seuche im Werk auf?

GROSSINGENIEUR.
Mit keinem sichtbaren Zeichen.

ERSTE BLAUFIGUR.
Stockt die Lieferung von Lebensmitteln?

GROSSINGENIEUR.
Stetige Zuweisung mit reichlichem Vorzug.

ERSTE BLAUFIGUR.
Enttäuscht Belöhnung aus vollem Gewinn, der verteilt wird?

GROSSINGENIEUR.
Barer Überschuß schwillt schon Halbwüchsigen ins Summenhafte.

ERSTE BLAUFIGUR.
– – Wie erklären Sie – den Nachlaß?

GROSSINGENIEUR.
Bewegung wurde Gesetz aus sich. Übermaß von Dauer der *einen* Handlung stumpft den Ansporn aus Willen zum Werk. Gas ist nicht mehr Ziel – in kleine Handreichung verstieß sich Zweck, der wiederholt und wiederholt, was zwecklos wird im Teil ohne Ganzes. Planlos schafft der Mann am Werkzeug – das Werk entzog sich der Übersicht, wie der Mann durch Tag und Tag tiefer ins gleichförmige Einerlei glitt. Rad saust neben Rad und kerbt nicht mehr die Nabe von Gegenrad und Gegenrad. Schwung tost leer und stürzt ohne Widerstand vor sich zu Boden.

ERSTE BLAUFIGUR.
Entdecken Sie kein Mittel, die Produktion zu sichern?

GROSSINGENIEUR.
Neue Massen von Arbeitern ins Werk.

ERSTE BLAUFIGUR.
Die finden sich nicht, wo siebenmal gesiebt wurde.

GROSSINGENIEUR.
Schon Kinder halten die volle Schicht.

ERSTE BLAUFIGUR.
Was wird?

GROSSINGENIEUR.
Ein steil steigendes Minus an Gas.

ERSTE BLAUFIGUR *(auf die Tischplatte zeigend)*.
Sehen sie das? Maßtafel von Angriff und Abwehr. Wie die Kräfte sich gegenhalten.

GROSSINGENIEUR.
Rot dringt vor.

ERSTE BLAUFIGUR.
Feind gewinnt Raum.

GROSSINGENIEUR.
Grün weicht weg.

ERSTE BLAUFIGUR.
Gas stützt nicht Verteidigung.

GROSSINGENIEUR *(stumm)*.

ERSTE BLAUFIGUR.
Dieser Tisch rechnet das Exempel. Wir sind nach Zahl im Kampf schwächer – aber im Mittel der Technik überlegen. Das balanciert den Ausgang. Wenn wir in Technik nicht verzagen! – Unsere Fabriken arbeiten mit Antrieb von Gas, das nur wir herstellen, über die Möglichkeiten von Feind in seinen Fabriken. *Ein* Strich vom Produkt

Gas weniger, als hier errechnet – – und wir verlieren die Aussicht auf Rettung rascher – – als wir sie bisher einbüßten!

GROSSINGENIEUR *(starrt an).*

Zermahlung von Feind nicht mehr – –??

ERSTE BLAUFIGUR.

Heute Phantom!

GROSSINGENIEUR.

Das Ende??

ERSTE BLAUFIGUR.

Im besten Fall ein Remis mit zwei schachmatten Parteien!

GROSSINGENIEUR *(stützt sich am Tisch).*

ERSTE BLAUFIGUR.

Das erleichtert die Entscheidung. Sie ist gefallen, wie sie nur fallen kann. Kampf und Untergang. Angriff und Widerstand verbluten aneinander. Gegner untergeht mit Gegner. Von Völkern bleibt ein Rest, der entkräftet vergeht. Kein Mensch läuft aus der Vernichtung. *(Stark zum Großingenieur.)* Das wissen nur wir!

GROSSINGENIEUR *(rafft sich).*

Was wird?

ERSTE BLAUFIGUR.

Steigerung der Leistung von Gas ohne Rücksicht auf Mann oder Frau oder Kind. Keine Schichten mehr – Schicht schiebt sich in Schicht ohne Entlassung nach Stunden. Von Zusammenbruch bis Zusammenbruch ist jeder angespannt. Keine Frist von Rast länger! Absinkt die letzte tote Hand vom Hebel – abgleitet der letzte tote Fuß vom Schaltblock – abblinkt das letzte glasige Auge vom Sichtglas – – ging das Exempel auf: letzter Feind ist vom Erdboden vertilgt – und letzter Kämpfer von uns ohne Odem!

GROSSINGENIEUR *(gestrafft).*

Ich erfülle die Erforderung!

ERSTE BLAUFIGUR *(streckt ihm die Hand hin).*

Hinein mit uns in den Tunnel ohne Mündung!

GROSSINGENIEUR *(Hand erwidernd).*

Gas! *(Ab.)*

(Gleich draußen hohe scharfe Sirenen in Nähe – aus Ferne neue Sirenen – ebbend – still.)

ERSTE BLAUFIGUR *(ins Telephon).*

Der Milliardärarbeiter!

(Milliardärarbeiter kommt: mittenzwanzigjährig; Werktracht – Haar geschoren – barfuß.)

ERSTE BLAUFIGUR.

Stehen Sie in Schicht?

MILLIARDÄRARBEITER *(verneint).*

In Ablösung, die aufgerufen ist.

ERSTE BLAUFIGUR.

Vorzeitig.

MILLIARDÄRARBEITER.

Der Entschluß mußte sich Ihnen aufdrängen.

ERSTE BLAUFIGUR.

Mit welchem Zwang?

MILLIARDÄRARBEITER.

Kein Arbeiter hält die frühere Schicht länger durch.

ERSTE BLAUFIGUR.

Was raten Sie?

MILLIARDÄRARBEITER.

Was gilt hier meine Meinung?

ERSTE BLAUFIGUR.

Sie hören, ich frage.

MILLIARDÄRARBEITER.

Die Erkundigung haben Sie bei jedem Arbeiter im Werk.

ERSTE BLAUFIGUR.

Ich suche sie bei keinem Arbeiter – ich will sie vom Chef.

MILLIARDÄRARBEITER.

Wer ist Chef?

ERSTE BLAUFIGUR *(sieht ihn fest an)*.

Vor mir – der Chef!

MILLIARDÄRARBEITER.

– – Weichen Sie von Ihrem Platz?

ERSTE BLAUFIGUR.

Die neue Aufgabe fordert doppelte Kräfte: – der Chef und wir bewältigen sie in gemeinsamer Anstrengung.

MILLIARDÄRARBEITER.

Was wird verlangt?

ERSTE BLAUFIGUR.

Gas mit verzehnfachter Mächtigkeit!

MILLIARDÄRARBEITER *(achselzuckend)*.

Bestimmen Sie das Erträgnis.

ERSTE BLAUFIGUR.

Es genügt nicht. Die Arbeiter sind schlaff. Befehl würde in ihren mürben Hirnen verrinnen und nicht stacheln.

MILLIARDÄRARBEITER.

Verhängen Sie peinigendere Strafen.

ERSTE BLAUFIGUR.

Es entzieht Arbeiter.

MILLIARDÄRARBEITER.
Werden alle unentbehrlich?

ERSTE BLAUFIGUR.
Für den letzten Aufwand! – Vernichtung auf beiden Seiten – aber Vernichtung!

MILLIARDÄRARBEITER *(zuckt zusammen – sammelt sich)*.
– Was wollen Sie von mir?

ERSTE BLAUFIGUR.
Den Strom durchs Werk schicken, der alle mitreißt. Es gilt: zum Untergang fanatisieren. Das Fieber aus Haß und Stolz hitzt noch einmal in jedem die kälteste Ader – Nacht wird Tag im Dienst für das Ziel, das blutrotes Fanal bläht!

MILLIARDÄRARBEITER.
Das ist das Ziel?

ERSTE BLAUFIGUR.
Von Ihrem Munde verkündet! Stehen Sie in den Hallen – mischen Sie Ihre Stimme in das Toben der Kolben und Rauschen der Riemen – übertosen Sie den Lärm mit Ihrem Aufruf, der Ziel zeigt und Sinn sagt: Hände werden wieder hart um den Hebel – Füße schwer auf dem Schaltblock – Augen klar vorm Sichtglas. Arbeit flutet aus entschlossenen Schleusen – und Gas wird Macht im Gewicht vor Übermacht!

MILLIARDÄRARBEITER *(sehr ruhig)*.
Ich werde gestraft, wenn ich die Schicht versäume.

ERSTE BLAUFIGUR.
Sie sind nicht mehr Arbeiter.

MILLIARDÄRARBEITER.
Sie können mich nicht entlassen, weil ich Arbeiter in diesem Werk bin.

ERSTE BLAUFIGUR.

Ich schicke Sie mit besonderem Auftrag ins Werk.

MILLIARDÄRARBEITER.

Ich übernehme ihn nicht.

ERSTE BLAUFIGUR.

– – Stellen Sie Bedingungen?

MILLIARDÄRARBEITER.

Ich wiederhole die eine und dieselbe, die die Forderung meiner Mutter und des Vaters meiner Mutter war: geben Sie das Werk frei.

ERSTE BLAUFIGUR *(heftig)*.

Ihr Großvater und Ihre Mutter protestierten gegen die Herstellung von Gas. Das machte die Verwaltung des Werks unter Zwang notwendig. Sonst war unsere Rüstung zum Stillstand verurteilt!

MILLIARDÄRARBEITER.

Das bestätigte beide in ihrer unerschütterlichen Ablehnung.

ERSTE BLAUFIGUR.

Wir stehn im Kampf, wie noch niemals eine Partie verstrickt war.

MILLIARDÄRARBEITER.

Ich habe jedem Befehl schweigsam gehorcht.

ERSTE BLAUFIGUR.

Jetzt wird Ihre Sprache notwendig!

MILLIARDÄRARBEITER.

Gegen mich selbst und gegen meine Mutter?

ERSTE BLAUFIGUR.

Für die Arbeiter, die wollen, daß Gas wird! Sie kehrten nach der Explosion zurück – sie bauten das Werk auf – sie blieben in den Hallen trotz Gefahr, die stündlich droht –

sie bückten sich willig unter den Herrn, der Gas hieß – – der heute Untergang heißt, wenn eine Stimme ihn verkündete, die aufhorchen läßt! Ihre Stimme ist es, die durchdringt – vor Ihrer Zusage brandet das Ja und Ja der Tausende zur zermalmenden Sturzwelle auf. Ihre Umkehr zu uns macht Halbtote lebendig zum Werk!

MILLIARDÄRARBEITER.
Ich schütze das Erbe meines Großvaters.

ERSTE BLAUFIGUR.
Die Arbeiter verlachten seine Pläne!

MILLIARDÄRARBEITER.
Die Form für Menschen wird sich offenbaren.

ERSTE BLAUFIGUR.
Für andere, die überleben. Wir haben keine Zukunft.

MILLIARDÄRARBEITER.
Ein Ausweg bleibt immer.

ERSTE BLAUFIGUR.
Suchen Sie den ohne uns?

MILLIARDÄRARBEITER.
Mit euch und in euch!

ERSTE BLAUFIGUR *(nach einem Besinnen)*.
– Wir werden die Leistung mit Strafen erzielen, die wir brauchen! *(Entlassende Geste.)*

MILLIARDÄRARBEITER *(ab)*.
(Stille.)

ZWEITE BLAUFIGUR *(vor rotheller Scheibe)*.
Meldung von drittem Kampfabschnitt: maßloser Druck von Feind unaufhörlich.
(Scheibe verlöscht.)

ERSTE BLAUFIGUR *(umsteckt roten Stöpsel)*.

DRITTE BLAUFIGUR *(vor rotheller Scheibe).*

Meldung von zweitem Kampfabschnitt: maßloser Druck von Feind unaufhörlich.

(Scheibe verlöscht.)

ERSTE BLAUFIGUR *(umsteckt roten Stöpsel).*

VIERTE BLAUFIGUR *(vor rotheller Scheibe).*

Meldung von erstem Kampfabschnitt: maßloser Druck von Feind unaufhörlich.

(Scheibe verlöscht.)

ERSTE BLAUFIGUR *(springt auf).*

Keine Meldung vom Werk?!

(Großingenieur kommt in Hast.)

GROSSINGENIEUR.

Störung im ganzen Betrieb! Schichtwechsel stockt! Ablösung greift nicht in Standschicht! Zum erstenmal klafft eine Lücke im Schwung von Jahrreihen frei! Das Pendel baumelt! Der Automat schnurrt ab!

ERSTE BLAUFIGUR.

Ihre Anordnungen?

GROSSINGENIEUR.

Mit Sirenen verkündet! Von Standschicht mit Schichtschluß beantwortet – von Ablösung mit Abweisung erledigt!

ERSTE BLAUFIGUR.

Ruft wer zum Widerstand auf?

GROSSINGENIEUR.

Keine Rädelsführer! Der Automat läuft aus sich – und läuft aus, weil der Umschwung in seinem Triebwerk verändert! Die neue Zeitteilung stört den alten Takt und bremst das Tempo auf Sekunden – die zur Besinnung genügen, um sich zu besinnen! Blitz stößt in die Köpfe und erklärt die Bahn, die jahrreihenlang gehetzt! Der Taumel wurde Gesicht – und grinst aus grausiger Fratze den Erschrockenen ins erfrierende Gehirn!

ERSTE BLAUFIGUR.

Jetzt – – Streik?

GROSSINGENIEUR.

Was ist Streik?

ERSTE BLAUFIGUR.

Weg von Hebel und Schaltblock und Sichtglas?

GROSSINGENIEUR.

Schon Geschehnis aus Vergangenheit! Der Stillstand schlug um in Bewegung!

ERSTE BLAUFIGUR.

Aufruhr?

GROSSINGENIEUR.

Durch Hallen entzündet! Keine Stimme – kein Schrei – kein Wortschwall! – – eisiges Schweigen – bloß Blicke vor sich – und schon schielend zum nächsten bei ihm – und der über ihn hin zum Gefährten und zu Gefährten! Aus Augen wird es – was wird, um uns hier zu zerschellen: – – der Sturm!

ERSTE BLAUFIGUR.

– Kordon um die Hallen und auf die Tore gehalten, wer austritt!!

GROSSINGENIEUR.

Bleibt Zeit?!

FÜNFTE BLAUFIGUR *(vor grünheller Scheibe)*.

Meldung vom dritten Werk: – –

GROSSINGENIEUR *(hin – ablesend)*.

Werk steht still – Arbeiter verlassen die Hallen!!

ERSTE BLAUFIGUR.

Sperrt die anderen Werke!

SECHSTE BLAUFIGUR *(vor grünheller Scheibe).*

Meldung von zweitem Werk: – –

GROSSINGENIEUR *(hin).*

Werk steht still – –

SIEBENTE BLAUFIGUR *(vor grünheller Scheibe).*

Meldung von erstem Werk: – –

GROSSINGENIEUR *(hin).*

Arbeiter verlassen die Hallen!!

ERSTE BLAUFIGUR.

Alarm über den Werkbezirk!!

GROSSINGENIEUR.

Zu spät! Im Druck der Wucht der Zahl sind wir zermalmt! Die Woge türmt furchtbarer auf – gereizt von uns, die hier sind, wenn sie kommen!!

ERSTE BLAUFIGUR.

Dringen sie ein?!

GROSSINGENIEUR.

Im Marsch ohne Wahl hierher! Der Zug drängt ins Zentrum zurück, woher unser Sporn antrieb! Da knäult sich die Böe! Die Entladung trifft uns – wenn sie uns noch trifft!

ERSTE BLAUFIGUR *(schiebt mit raschem Griff die Stöpsel auf dem Schaltbetrieb durcheinander).*

Die Rechnung ging nicht auf – es blieb ein Rest!

(Ab mit Großingenieur und Blaufiguren.

Leere Halle.

Von den dunstgrauen Rändern langsam ringförmig Menge schwellend: Arbeitermänner – Arbeitergreise – Arbeiterhalbwüchsige in Tracht von grau, geschoren und bar-

fuß; Arbeiterfrauen – Arbeitergreise – Arbeitermädchen in gleicher Tracht, barfuß und graue Tücher eng ums Haar.
In einigem Abstand von den Tischen stockt die totenstill vordringende Bewegung.
Dann ist überflutender Losbruch – doch stumm – eilig:
die Tische sind umgestürzt und von Hand zu Hand in den Randschatten der Betonhalle gehoben –
die Drähte von der Tribüne nach den Tischen – aus der Kuppel nach der Tribüne weggerissen.
Dann herrscht volle Stille.
Die Frauen zerren die Tücher von den Köpfen und beginnen ihr Haar zu strähnen.)

ALLE MÄNNER und ALLE FRAUEN *(nach Blicken zueinander – mit großem Aufschrei).*
Kein Gas!!!!

Zweiter Akt

Betonhalle. Vermindertes Bogenlampenlicht. Volle Halle.

STIMMEN *(aus surren schwellend – hell).*
Was mit uns?!

MÄDCHEN *(auf die Tribüne – Haar um sich spreitend).*
Morgen für uns mit Tag, der Frühe bleibt so voll Lust von Licht, die ihn aufhält im Wandel von Stunden. Strahl schießt in den Morgen, der anhebt – wie noch kein Morgen für uns entstand. Scheu blickt das Auge und zuckt in Betroffenheit zögernd die Sicht zu erweitern, die in den Strudel von Weiße und Bunt taucht – bald ist das Wunder gewohnt und im Hinblick gebannt: – Morgen für mich lenkt zu mir den Geliebten!

JUNGER ARBEITER *(zum Mädchen auf die Tribüne).*
Morgen für dich und für mich, der verschmilzt zu unserer Erfüllung. Leer blieb Sein und Sucht aus Tag und Tag ohne Sein von dir und mir bis an diesen Morgen, der hochglänzt – nun bricht Flut aus Stauung los ins Ufer, das neu gilt! – Eiland wuchernd in Farbe und Laut von Hochzeit!

MÄDCHEN *(jungen Arbeiter umschlingend).*
Morgen für dich!

JUNGER ARBEITER *(Mädchen haltend).*
Morgen für dich!

MÄDCHEN und JUNGE ARBEITER *(um die Tribüne drängend – sich umfassend).*
Morgen für uns!! *(Mädchen und junger Arbeiter von der Tribüne.)*

STIMMEN *(der andern).*

Mehr für uns!

FRAU *(auf die Tribüne).*

Mittag für uns. Aus Anfang zog ich noch nicht die Kurve, die bäumt nach der Höhe – die kroch platt am Boden. Da war zwischen Mann und Frau nichts hinterm Morgen – taube Hülse knirrte, die nietet und nicht verbindet. Jetzt perlt Guß von Glanz – gestäubt über mich mit funkelndem Bogenlauf. Goldentzündet brüstet sich Gewölk, das verrinnt ringsüberrund, und schleust triefendes Gut, das erwärmt und reichtränkt, auf die totbrache Kruste: – Eingang körnt wieder locker – aus Beginn buchtet sich breite Erschließung ins Volle –: Mittag wird Zeit unserer Verschränkung von Frau und Mann mit letztem Atem von einem zum andern, wo eines Teil und anderen Teil unauffindbar versinkt: – kein Anspruch bleibt ledig der Antwort – sie klingt mit eifriger Schelle unaufhörlich mittaglich hell, weil Mittag blaut über uns!

MANN *(zur Frau auf die Tribüne).*

Mittag aus dir mit Schwarm blausäumiger Wolken treibend. Mittag über mich gezogen wie Zelt der Beständigkeit – fester Bezirk, der mich bestimmt für dich. Kein Ausgang, der verführt, wo nichts lohnt – kein Willen, der trotzt, wo nichts bedeutet: – schon am Hauch der Silbe haftet Verständigung, die beiden gebietet. Begierde wuchs kühn und maßlos – Leib bindet Leib: kein Überschwang beleidigt die Paarung – aus Dopplung von Sein und Sein ohne Abstrich einrichtet sich unser Gesetz, das nicht verbietet und nicht erlaubt: – das Eins weiß nicht Bedrängung und Widerstand – es ist unteilbar mit Einem von Mann und Frau im Mittag!

FRAU *(die Hände nach ihm streckend).*
Mittag für dich!

MANN *(sie fassend).*
Mittag für dich!

FRAUEN und MÄNNER *(um die Tribüne – sich mit Händen suchend).*
Mittag für uns!! *(Frau und Mann von der Tribüne.)*

STIMMEN *(der andern).*
Mehr für uns!

GREISIN *(auf die Tribüne).*
Abend für uns. Einmal der Rundlauf beschwichtigt und die Knöchel still überm Schuh. Was schälte sich aus meinem Morgen und Mittag? Ich sah den Unterschied nicht von Mittag und Morgen. Einerlei war das und ohne Zeichen von Einschnitt zum andern. Das glitt wie trübes Rinnsal über Höcker im Strombett, dem wir nicht auf den Grund schaun. Das war aus Morgen und Mittag das Sein. – War ich allein? War keiner bei mir im Anfang und später? War ich so sehr allein? Ging ich mit mir unter und griff nur mit einer Hand nach meiner andern, um mich aus dem Sinken zu bergen? Fand ich den einsamen Tod schon? – Der Abend schenkt alles Leben und schiebt jede Stunde, die verfehlt, zu Stunde und Stunde, die nun kommen. Die Zeit verteilt mit neuem Maß – ich höhle die Hände und fasse nicht mehr – es schüttet sich aus – ich blinzle in den Schatz: – da stellt sich heraus, der in Morgen und Mittag verlöschte und erst im Abend auftaucht!

GREIS *(zur Greisin auf die Tribüne).*
Für uns der Abend. Rast von Schritt im Trott ohne Plan überdrängt Baum mit Schatten behängt. Wo tost Lärm?

Wo eilt Gang? Stille betont müder Vogel aus Geäst – Wind rauscht verraschelnd. Tag ebbt glatt. Was ist es spät? Die Frühe ist ein Drängen von Hand in Hand, die nie endigt. Wo klafft Verlust? Einer Lippe Krümmung austeilt mit Verschwendung. Du entbehrtest nicht – und ich versagte mir nichts: – unser Abend entdeckt uns Überfluß, den wir nie aufzehren! *(Er führt Greisin mit sich von der Tribüne.)*

GREISINNEN und GREISE *(zu ihnen hin – einander stützend).*

Abend für uns!!

STIMMEN *(der andern).*

Mehr für uns!

EINE STIMME *(hoch).*

Was mit uns?

STIMMEN *(verteilt).*

Mehr für uns!!

STIMMEN *(entgegen).*

Was mit uns?

STIMMEN *(Woge).*

Mehr für uns!!!

STIMMEN *(Gegenwoge).*

Was mit uns?!!

STIMMEN und STIMMEN *(durcheinanderflutend).*

Mehr für uns!!! Was mit uns?!! *(Im Schrei von Helle Abbruch.)*

(Stille.)

EINE STIMME.

Der Milliardärarbeiter!

ALLE STIMMEN *(schwellend – sich vereinigend – jubelrufend).*
Der Milliardärarbeiter!!!
(Stille.)

MILLIARDÄRARBEITER *(ersteigt die Tribüne).*
Ich bin willig vor euch und über euch nur nach Stufen, die meine Füße steigen! *(Oben.)* Kein Kopf denkt mehr – kein Mund spricht beredsamer vor euch: ihr ruft Morgen und Mittag und Abend – und benennt das Sagbare mit Worten, die immer gelten. – Dir, Mädchen, ist Morgen Zeit deines Lebens, das sich begibt mit Anfang – und deinen Schwestern bei dir und euren Schwestern nach euch. Das ist Bestimmung von Ursprung! – Dir, Jüngling, bricht feurige Frühe durch Blut und Puls nach erster Umschlingung – und deinen Brüdern bei dir und euren Brüdern nach euch. Das ist Bestimmung von Ursprung! – Dir, Frau, ist Tag groß im Mittag, der jede Erfüllung vermittelt – und allen Frauen bei dir und Frauen und Frauen nach euch. Das ist Bestimmung von Ursprung! – Dir, Mann, brennt braun vom hohen Gestirn das Stirnfeld und zeichnet dich mit dem kräftigen Mal des Mittags – und alle Männer bei dir und Männern und Männern nach euch. Das ist Bestimmung von Ursprung! – Euch, Greisin und Greis, fällt aus Schatten und Windstille der Abend auf Schultern und Schoß – ihr seid besänftigt vor Nacht, in die ihr ohne Schrei und Schreck einschlaft. Das ist Bestimmung von Ursprung! – *(Stärker.)* Wieder ist Tag um euch – ganzer Tag mit Morgen und Mittag und Abend: – das entstellte Gesetz strahlt von erneuerter Tafel! – Ihr seid wieder bei euch – ausge-

gangen aus fronender Nötigung – eingekehrt in letzte Verpflichtung!

STIMMEN.

Was mit uns?!

MILLIARDÄRARBEITER.

Ausruf von euch, wer ihr seid in eurer Erfindung! – Ihr vom Druck von äußerster Härte zum Boden gestoßen – ihr in Zwang gepfercht wie Tiere vor der Abtötung – – ihr seid glaubwürdig! Eure Erfahrung bestätigt mit Siegel und Eid: – es ist kein bübisches Spiel. Euer Ruf gilt – mit jeder Wahrheit echt – in jedem Hauch ein volles Ja!!

STIMMEN und STIMMEN.

Was mit uns?!

MILLIARDÄRARBEITER.

Mitteilung aus euch, wer ihr seid in Entfaltung! – Eure Entdeckung wird Frevel mit der Bewahrung eures Fundes. Furchtbar schwärzt euch der Makel, wenn ihr verschweigt. In eurem Haus fault um euch die Luft, wenn ihr die Fenster verschließt und nicht das Licht über die Straße entlaßt. Kein Fluch zögert sich auf euch zu stürzen und euch zu verdammen!!

ALLE STIMMEN.

Was mit uns?!!

MILLIARDÄRARBEITER.

Verkündet euch den andern!! Schickt den Schrei aus der Halle durch Luft über alle. Schont keine Mühe, die eure letzte wird – verschenkt euren Schatz, der sich nicht ausgibt und jeden Einsatz verzehnfacht mit Mehrzins – –: rollt die Kuppel frei!!

(Stille.)

STIMMEN und STIMMEN.
Rollt die Kuppel frei!!

ALLE STIMMEN.
Rollt die Kuppel frei!!!

MILLIARDÄRARBEITER.
Spannt den Draht, aus dem der Funken spricht um das Rund des Erdballs!!

STIMME.
Spannt den Draht!

STIMMEN und STIMMEN.
Spannt den Draht!!

ALLE STIMMEN.
Spannt den Draht!!!

MILLIARDÄRARBEITER.
Schickt das Signal vom Stillstand von Kampf über Kämpfer und Kämpfer!!

STIMME.
Schickt das Signal!

STIMMEN und STIMMEN.
Schickt das Signal!!

ALLE STIMMEN.
Schickt das Signal!!!

JUNGER ARBEITER *(an der Tribüne – Arme zur Kuppel).*
Von uns die Kuppel frei! *(Ab.)*
(Stille.)

STIMME *(oben).*
In der Kuppel wir!

STIMMEN *(unten).*
Rollt die Kuppel frei!

STIMME *(oben).*
Rost hemmt in Schienen!

STIMMEN *(unten).*
Lockert an Nieten!
STIMME *(oben).*
Druck wuchtet mächtig!
STIMMEN *(unten).*
Sprengt unter die Wölbung!
STIMME *(oben).*
Locker schon Platten!
STIMMEN *(unten).*
Weitet die Lücke!
STIMME *(oben).*
Kuppel in gleiten!
ALLE STIMMEN *(unten).*
Rollt die Kuppel frei!!!!
(Ein breiter Lichtbaum senkt mit Sturz sich aus der Kuppel und steht wie eine funkelnde Säule vom Boden der Halle. In Blendung Stille – alle Gesichter hinauf.)
MILLIARDÄRARBEITER *(nach oben rufend).*
Fördert das Werk ohne Halt!
STIMME *(oben).*
Draht steil gerichtet!
MILLIARDÄRARBEITER.
Eilt mit der Vollendung!
STIMME *(oben).*
Funke in Spitze kräftig!
MILLIARDÄRARBEITER.
Bedient, wie ich rufe!
STIMME *(oben).*
Am Sender!
MILLIARDÄRARBEITER.
Entlaßt die Losung: Hände sind los von Verrichtung –

Hände sind ab von Fron für Vernichtung – Hände sind frei für Druck aller Hände in unsern, die rasten: – kein Gas!

STIMME *(oben wiederholend).*

Hände sind los von Verrichtung – Hände sind ab von Fron für Vernichtung – Hände sind frei für Druck aller Hände in unsern, die rasten: – kein Gas!

ALLE STIMMEN *(unten).*

Kein Gas!!!!

MILLIARDÄRARBEITER.

Hört nach der Antwort!

STIMMEN *(unten).*

Sagt uns die Antwort!

MILLIARDÄRARBEITER.

Überhört nicht die Antwort!

(Stille.)

STIMME *(oben).*

Ausbleibt Antwort!

(Stille.)

MILLIARDÄRARBEITER.

Schickt neuen Anruf: Taumel von Blut verflog – Fieber verwich in Kühle – Blick öffnet Augen nach euch, die begrüßen – Schicht schmolz in Dauer von Sein: – kein Gas!!

STIMME *(oben wiederholend).*

Taumel von Blut verflog – Fieber verwich in Kühle – Blick öffnet Augen nach euch, die begrüßen – Schicht schmolz in Dauer von Sein: – kein Gas!

ALLE STIMMEN *(unten).*

Kein Gas!!!!

MILLIARDÄRARBEITER.

Wacht um die Antwort!

STIMMEN und STIMMEN *(unten).*

Ruft uns die Antwort!!

MILLIARDÄRARBEITER.

Überwacht gut die Antwort!

(Stille.)

STIMME *(oben).*

Ausbleibt Antwort!

(Stille.)

MILLIARDÄRARBEITER.

Dringt um Erwiderung: Land wuchs in Land – Grenze stob ins All – Nachbar wird noch der Fernste – in Sammlung zu uns sind wir verteilt an euch und ein Ganzes: – kein Gas!!!

STIMME *(oben wiederholend).*

Land wuchs in Land – Grenze stob ins All – Nachbar ist noch der Fernste – in Sammlung zu uns sind wir verteilt an euch und ein Ganzes: – kein Gas!!!

ALLE STIMMEN *(unten).*

Kein Gas!!!!

MILLIARDÄRARBEITER.

Mißhört nicht die Antwort!

ALLE STIMMEN *(unten).*

Schreit uns die Antwort!!!!

MILLIARDÄRARBEITER.

Vertauscht nicht Silbe und Silbe der Antwort!!

(Stille.)

STIMME *(oben).*

Ausbleibt Antwort!

(Totenstille.)

STIMME *(vom äußersten Rand der Halle).*
Ankunft von Fremden!

STIMMEN und STIMMEN.
Ankunft von Gelben!

ALLE STIMMEN.
Ankunft von Feind!!!
(Weg bahnt sich vor sieben Gelbfiguren, die die Mitte erreichen. Milliardärarbeiter schwankend von der Tribüne.)

ERSTE GELBFIGUR.
Die Rechnung ist nicht glatt aufgegangen. Ein Bruch reißt ins Spiel. Eure Partie warf die Karten hin. Wir übertrumpften. Bucht den Verlust, den wir summieren.
(Stille.)

ERSTE GELBFIGUR.
Eure Energie von Gas, das ihr herstellt, wird dienstbar unserm Bedürfnis. Eure Leistung tilgt von der Schuld an uns, die ihr nicht auslöscht. Gas speist unsere Technik.
(Stille.)

ERSTE GELBFIGUR.
Das Werk fällt aus eurer Verfügung in unsere Bestimmung. Ohne Kurs die Tabellen, die euren Anteil zusprechen. Der Gewinn verschüttet sich nicht mehr in alle Hände – Lohn nach Maß der Notwendigkeit für Erhaltung der Kräfte von euch wird Gesetz.
(Stille.)

ERSTE GELBFIGUR.
Das Werk schafft wieder mit dieser Stunde Gas. Schicht zieht in Dienst hier aus der Halle – Schicht dient nach Schicht. Von uns der Auftrag nach Anspruch von Gas – die Leistung von Gas verantwortet der Großingenieur.
(Großingenieur kommt.)

ERSTE GELBFIGUR.

Der Großingenieur übt Macht über euch mit Befehl und Strafe.

(Stille.)

ERSTE GELBFIGUR *(zum Großingenieur).*

Richten Sie die Halle ein.

GROSSINGENIEUR *(nach oben).*

Schließt die Kuppel!

(Langsam verringert sich das Sonnenlicht – verlöscht.)

GROSSINGENIEUR.

Stellt die Tische auf!

(In lautloser Tätigkeit sind die Tische über Köpfe zur Mitte gehoben – errichtet.)

GROSSINGENIEUR.

Spannt die Drähte!

(Mit stumpfem Eifer sind aus der Kuppel gesenkte Drähte zur Tribüne gestrafft – nach den Tischen gezogen.)

GROSSINGENIEUR.

Speist alle Lampen!

(Stäubendes Bogenlampenlicht.)

GROSSINGENIEUR.

Zieht ins Werk!

(Weichen ohne Ton nach den Rändern der Halle – Verschwinden.

Sechs Gelbfiguren lassen sich an den Tischen nieder.

Erste Gelbfigur ordnet die Stöpsel auf dem Schachbretttisch. Großingenieur wartet.)

ERSTE GELBFIGUR *(zum Großingenieur).*

Gas!

(Großingenieur ab.)

Dritter Akt

Betonhalle. Stäubendes Bogenlampenlicht.
An den Tischen die sieben Gelbfiguren.
Stille.

ZWEITE GELBFIGUR *(vor rotheller Scheibe).*
Meldung von Bedarfzentrale: Anspruch für dritten Distrikt zwei Quoten mehr.
(Scheibe verlöscht.)

ERSTE GELBFIGUR *(umsteckt roten Stöpsel).*

FÜNFTE GELBFIGUR *(vor grünheller Scheibe).*
Meldung von drittem Werk: Leistung ein Strich unter Auftrag.
(Scheibe verlöscht.)

ERSTE GELBFIGUR *(umsteckt grünen Stöpsel).*

DRITTE GELBFIGUR *(vor rotheller Scheibe).*
Meldung von Bedarfzentrale: Anspruch für zweiten Distrikt drei Quoten mehr.
(Scheibe verlöscht.)

ERSTE GELBFIGUR *(umsteckt roten Stöpsel).*

SECHSTE GELBFIGUR *(vor grünheller Scheibe).*
Meldung von zweitem Werk: Leistung ein Strich unter Auftrag.
(Scheibe verlöscht.)

ERSTE GELBFIGUR *(umsteckt grünen Stöpsel).*

VIERTE GELBFIGUR *(vor rotheller Scheibe).*
Meldung von Bedarfzentrale: Anspruch für ersten Distrikt vier Quoten mehr.
(Scheibe verlöscht.)

ERSTE GELBFIGUR *(umsteckt roten Stöpsel).*

SIEBENTE GELBFIGUR *(vor grünheller Scheibe).*
Meldung von erstem Werk: Leistung zwei Strich unter Auftrag.
(Scheibe verlöscht.)

ERSTE GELBFIGUR *(umsteckt grünen Stöpsel).*
(Stille.)

ZWEITE GELBFIGUR *(vor rotheller Scheibe).*
Meldung von Bedarfzentrale: Anspruch für dritten Distrikt fünf Quoten mehr.
(Scheibe verlöscht.)

ERSTE GELBFIGUR *(umsteckt roten Stöpsel).*

FÜNFTE GELBFIGUR *(vor grünheller Scheibe).*
Meldung von drittem Werk: Leistung sechs Strich unter Auftrag.
(Scheibe verlöscht.)

ERSTE GELBFIGUR *(umsteckt grünhellen Stöpsel).*

DRITTE GELBFIGUR *(vor rotheller Scheibe).*
Meldung von Bedarfzentrale: Anspruch für zweiten Distrikt acht Quoten mehr.
(Scheibe verlöscht.)

ERSTE GELBFIGUR *(umsteckt roten Stöpsel).*

SECHSTE GELBFIGUR *(vor grünheller Scheibe).*
Meldung von zweitem Werk: Leistung zehn Strich unter Anspruch.
(Scheibe verlöscht.)

ERSTE GELBFIGUR *(umsteckt grünen Stöpsel).*

VIERTE GELBFIGUR *(vor rotheller Scheibe).*
Meldung von Bedarfzentrale: Anspruch für ersten Distrikt elf Quoten mehr.
(Scheibe verlöscht.)

ERSTE GELBFIGUR *(umsteckt roten Stöpsel).*

SIEBENTE GELBFIGUR *(vor grünheller Scheibe).*
Meldung von erstem Werk: Leistung *zwölf* Strich unter Auftrag.
(Scheibe verlöscht.)

ERSTE GELBFIGUR *(springt auf – noch ins Telephon).*
Der Großingenieur!
(Großingenieur kommt – ohne Beeilung.)

ERSTE GELBFIGUR.
Zählstationen kontrollieren verminderte Leistung von Gas. Nach Strichen bis zwölf bleibt Sein hinter Soll.

GROSSINGENIEUR *(ruhig).*
Überrascht Sie das?

ERSTE GELBFIGUR.
Steht eigenes Urteil in Frage?

GROSSINGENIEUR *(achselzuckend).*
Wenn Sie sich verleugnen können.

ERSTE GELBFIGUR.
Wie jeder im Werk Automat.

GROSSINGENIEUR.
In den Hallen laufen die Automaten mit Nebengeräuschen.

ERSTE GELBFIGUR.
– – Was umzischelt?

GROSSINGENIEUR.
Nicht für mich.

ERSTE GELBFIGUR.
Mit welcher Deutung?

GROSSINGENIEUR.
Nicht für mich: dieser Hand Hub am Hebel. Nicht für mich: dieses Fußes Stoß auf den Schaltblock. Nicht für mich: dieses Auges Blick nach dem Sichtglas. Mein Fleiß

schafft – nicht für mich. Mein Schweiß ätzt – nicht für mich. Mein Fron zinst – nicht für mich.

ERSTE GELBFIGUR.

Kennen Sie Ihre Verantwortung?

GROSSINGENIEUR.

Für Gas.

ERSTE GELBFIGUR.

Man wird Sie zur Rechenschaft ziehen für jeden Strich vom Minus der Lieferung.

GROSSINGENIEUR *(eigentümlich)*.

Ich bin bereit – zur Abrechnung.

ERSTE GELBFIGUR.

Gebrauchten Sie Ihre Machtmittel?

GROSSINGENIEUR *(wie vorher)*.

Noch nicht.

ERSTE GELBFIGUR.

Verhängten Sie nicht Strafen?

GROSSINGENIEUR.

Über wen?

ERSTE GELBFIGUR.

Wer zuckt am Hebel – wer fehltritt auf dem Schaltblock – wer zwinkert vorm Sichtglas.

GROSSINGENIEUR.

So bliebe die Schicht ohne Mann und Frau und Kind.

ERSTE GELBFIGUR.

Sind alle in Widerstand?

GROSSINGENIEUR.

Schicht wird lahmer mit Schicht.

ERSTE GELBFIGUR.

Was wird noch geschafft?

GROSSINGENIEUR *(stark).*
Gas!

ERSTE GELBFIGUR.
– – Warum stäupten Sie nicht den ersten, der nachließ?

GROSSINGENIEUR.
Ich – stäupte ihn nicht.

ERSTE GELBFIGUR.
Zweifelten Sie, daß weitertrieb, was bei einem sich zeigte?

GROSSINGENIEUR.
Ich – zweifelte nicht.

ERSTE GELBFIGUR.
Warum verschwiegen Sie, was vorgeht?

GROSSINGENIEUR.
Ich – verschwieg.

ERSTE GELBFIGUR.
– – Unterstützen Sie die Auflehnung?

GROSSINGENIEUR.
Mit meinen Kräften!

FÜNFTE GELBFIGUR *(vor grünheller Scheibe).*
Meldung von drittem Werk: Werk – –

GROSSINGENIEUR *(triumphierend).*
– steht still!!

SECHSTE GELBFIGUR *(vor grünheller Scheibe).*
Meldung von zweitem Werk: Werk – –

GROSSINGENIEUR.
– steht still!!

SIEBENTE GELBFIGUR *(vor grünheller Scheibe).*
Meldung von erstem Werk: Werk – –

GROSSINGENIEUR.

– steht still!!

(Die drei Gelbfiguren verlassen ihre Tische.)

ERSTE GELBFIGUR.

Wer –??

GROSSINGENIEUR.

Ich befahl es! Bei meinem Weggang hierher. Mit meiner Macht, die mir von euch bestellt. Gut folgt der Gehorsam. Keiner Hand Hub am Hebel mehr für andre – keines Fußes Stoß mehr für andre – keines Auges Blick ins Sichtglas für andre. Absinkt Hand und ballt Faust gegen euch – abschwingt Fuß und nimmt Anlauf gegen euch – abschielt Auge und schießt Blick gegen euch. Für uns Gas – – und Gas gegen euch!!

ERSTE GELBFIGUR.

– – Übersehen Sie die Konsequenzen?

GROSSINGENIEUR.

Keine Konsequenzen für uns!

ERSTE GELBFIGUR.

Das Werk liegt von Batterien umzingelt.

GROSSINGENIEUR.

In dreifachen Kreisen.

ERSTE GELBFIGUR.

Schußbereit bei erster Empörung.

GROSSINGENIEUR.

Empörung tobt!

ERSTE GELBFIGUR.

In Schutt das Werk mit letztem Mann mit voller Salve.

GROSSINGENIEUR.

Sind Sie sicher?

ERSTE GELBFIGUR.

Wir lassen kleinste Frist und erwarten die Wiederaufnahme der Arbeit mit Ihrer Meldung! *(Er winkt den Gelbfiguren – mit ihnen ab.)*

GROSSINGENIEUR *(vorn am Tisch – ins Telephon).*

Zieht aus dem Werk in die Halle – in die Versammlung! *(Zages Kommen – schiebende Verdichtung zur Mitte – volle Halle.)*

STIMME *(endlich schrill – angstvoll).*

Wer entläßt uns?

GROSSINGENIEUR *(auf die Tribüne).*

Wer füllt den Raum mit Druck zur Wand, die umläuft. Wer wich vom Werk und ließ Hebel und Schaltblock und Sichtglas instich. Wer Stimme wird aus Lautlosigkeit verschüchterter Fron!

STIMMEN und STIMMEN.

Wer entläßt uns?!

GROSSINGENIEUR.

Wer Hand krümmt zu Faust in Trotz. Wer Fuß hebt in Sturm zu Angriff. Wer im Auge mißt die Figur von Fronvoigt!

ALLE STIMMEN.

Wer entläßt uns?!!

GROSSINGENIEUR.

Euer Befehl herrscht ins Schicksal von euch. Euer Wort stiebt über euch mit eigenem Gesetz. Ihr seid gestern zehntzinsende Knechte – heute Beherrscher!! *(Stille.)*

STIMME.

Was mit uns?

GROSSINGENIEUR.

Entlassung von Schuld und Schuldenschuld für euch. Abhub von Bürde und Buße für euch. Austritt aus erwürgender Zwinge für euch!

STIMMEN und STIMMEN.

Was mit uns?!

GROSSINGENIEUR.

Aufstand aus Knien in Steile mit euch. Wachstum aus Schwäche in Kräfte mit euch. Schwung aus Scheu in Streit mit euch!

ALLE STIMMEN.

Was mit uns?!!

GROSSINGENIEUR.

Los die Wut, die faul trieb in euch. Los der Haß, der lungerte in euch. Los das Gift, das sinterte in euch. Ihr sollt vergelten!!

STIMME.

Sind wir mächtig?

GROSSINGENIEUR.

Aus Schatten in Glanz geschoben. Aus Notdurft in Purpur gehüllt. Aus Nichts im Überfluß erhaben!

STIMMEN und STIMMEN.

Sind wir mächtig?

GROSSINGENIEUR.

Wie noch kein Maß verteilt war. Keine Waffe schlug zu, wie ihr ausholt. Kein Geschoß schlug ein, wie ihr aushaucht. Ihr seid Sieger im Aufmarsch!

ALLE STIMMEN.

Sind wir mächtig?!!

GROSSINGENIEUR.

Ohne Verlust einer Fingergliedesspitze besteht ihr den

Kampf. Ohne Dauer von halbem Tag beschließt ihr die Schlacht. Ihr seid schrecklich mit eurem Mittel von Überwältigung: -- Giftgas!!
(Stille.)

GROSSINGENIEUR *(holt eine rote Kugel aus dem Kittel).*
Ich erfand es für euch. Bei euch fraß mich die Schmach, die uns duckt zum Nutztier. Keine Sekunde verstellte sich mir das Ziel, das entledigt der Zwingherrn – Haß und Scham formten die Formel, die endlich ergab, was befreit. Jetzt triumphiert ein Häutchen von Dünnglas, das ausbläst und ätzt gleich das Fleisch vom Gebein und bleicht storre Knochen!
(Stille.)

GROSSINGENIEUR.
Furchtbar verstört das Entsetzen, wer die Kraft der Vernichtung ansieht. Lähmung und Wahnsinn tritt ins Hirn des Beschauers, der noch eben Lebende zu Skeletten entblößt trifft. Widerstand schreit sich nieder aus dem Munde des ersten Neugierigen, der zuläuft und Weltuntergang heult!
(Stille.)

GROSSINGENIEUR.
Ihr seid Sieger nach dieser Stunde, die ewig entscheidet. Macht das Exempel, das alle Berechnung glatt löst. Tut den Wurf des Balls von der Kuppe der Kuppel – zielt in Richtung zur Linie, die euch belagert -- kommt ihrem Anprall zuvor -- tut den Wurf!!

STIMME.
Giftgas!

GROSSINGENIEUR.
Seid Rächer!

STIMMEN und STIMMEN.

Giftgas!!

GROSSINGENIEUR.

Seid Kämpfer!!

ALLE STIMMEN.

Giftgas!!

GROSSINGENIEUR.

Seid Sieger!!!

(Junge Arbeiter dringen auf Stufen der Tribüne – Hände nach der Kugel.

Milliardärarbeiter schiebt sich zwischen sie – drückt die erhobenen Arme beiseite.)

MILLIARDÄRARBEITER.

Faßt nicht nach dem Ball. Verwerft die Verführung. Zerstört nicht eure Macht mit dem Wurf!

STIMME.

Der Milliardärarbeiter.

MILLIARDÄRARBEITER.

Folgt nicht dem Anweis. Zielt nicht ins Dunkel. Zollt nicht mit Schacher!

STIMMEN und STIMMEN.

Der Milliardärarbeiter!!

MILLIARDÄRARBEITER.

Schon euren Vorzug, mit dem ihr erwählt seid. Kennt euer Mittel, mit dem ihr überwindet. Baut das Haus, das unerschütterlich dauert auf Grund von Gestein!

ALLE STIMMEN.

Der Milliardärarbeiter!!!

(Die jungen Arbeiter sind von den Stufen gewichen. Milliardärarbeiter tritt höher auf Stufen.)

MILLIARDÄRARBEITER.

Spreitet die Sicht für das Neue, das ins Uralt sich verschlingt. Anfang ist endlich – und echt aus Bestand schon bekundeter Wahrheit. Große Gezeit rollt in eure Zeit mit Wiederholung. Ihr seid nicht bemüht mit Erfindung – hinter Versuch und Beweis verrückt sich eure Erfüllung. Ihr seid gelost im Rad, das in Jahrtausenden drehte – rein aus Siebung und Siebung sichtet sich eure Bestimmung!

(Stille.)

MILLIARDÄRARBEITER.

Kein Weg mit Windung und Windung weist wie eure Straße, die ihr ankommt, nach Vollendung. Aller Gewinn rechnete sich euch – Überfluß schwoll von euren Tischen. Um euch häufte sich Gut, das Hände hinstellen –: ihr wart vergeben aus euch in den Besitz, der euch aufsog!

(Stille.)

MILLIARDÄRARBEITER.

Das zerging, wie Sand vertreibt, den ein Kind hinspielt. Eines Windes Aufstand zögert nie ein Tagwerk zu zerbrechen – ihr verschließt nicht die Quellen, die schwarz sind von der Geburt des Orkans, der immer die Erde beunruhigt. Euch traf die Wucht mit Entladung, die euch niederwarf platt an den Boden. Euer Fall schwang tief. Der Turm eurer Höhe begrub euch!

(Stille.)

MILLIARDÄRARBEITER.

Groß galtet ihr früher – – jetzt werdet ihr mehr: – – Dulder!!

(Stille.)

MILLIARDÄRARBEITER.
Von euch schied sich die Sucht, die nie fertig: – Tagwerk! In euch schob sich das andre, das ohne Namen grenzenlos sättigt. Es hat nicht Tabelle und Schicht und Entlöhnung – es speist sich mit eigner Münze, die nicht mehr und nicht minder sich zahlt!
(Stille.)

MILLIARDÄRARBEITER.
Zinst mit der Fälschung, die von euch verlangt wird. Betrügt die Betrüger mit ihrer Währung, die matt klingt. Leistet den Dienst, der nichts zeitigt. Verwandelt die Geltung, die abläuft – höhlt den Wert, der nicht wuchert: – – seid Dulder im Werk – – Entlaßne in euch!!
(Stille.)

MILLIARDÄRARBEITER.
Baut das Reich!! Es bürdet nicht Last über euch mit neuer Entdeckung – Ferne verscheucht nicht: Anbruch drängt nah aus Verheißung, die nie kargte – Sammlung von Gesetz und Gesetz ist längst geschehn – Vorbereitung aus Zeit und Zeit überreif – nutzt euer Dasein, dem alles zufällt: – – baut das Reich, das ihr seid in euch mit letzter Befestigung!!
(Stille.)

MILLIARDÄRARBEITER *(oben auf der Tribüne).*
Jetzt erfüllt sich in euch das Wagnis durch Geschlechter und Geschlechter. Über Triften von Grüne lockte euch einer vor mir – ihr verwiest ihn recht. Nichts um euch schont in euch das Beträchtliche – es hürdet sich nicht im Geviert von Siedlung und Siedlung: – – *nicht von dieser Welt ist das Reich*!!!!
(Stille.)

MILLIARDÄRARBEITER.

Front den Fremden – zinst dem Zähler – laßt ihm den Lohn – schüttet ihm den Gewinn – duldet den Anspruch – verleugnet den Stachel, der an euch blutet: – – seid das Reich!!

(Atmende Stille.)

GROSSINGENIEUR *(auf Stufen herunter).*

Findet ihr nicht den Schrei für Verrat, der euch anspeit? Schweigt euer Schelten vor einem Antrag, der euch schächtet? Vergeßt ihr den Zuruf, der stieß zu mir mit Gelöbnis?!

MILLIARDÄRARBEITER.

Stimmt zu euch die ihr seid – in euch entledigt!

GROSSINGENIEUR.

Meßt, wer ihr bleibt – in eurer Entrechtung. Nacken für Peitsche, die striemig spornt – Schicht für Schändung, die hohnlacht – Koppel von Vieh, das mißbraucht ist! Ohne Schluß schleicht eure Mühsal – ein Göpel im Kreis, der euch leiert in Stumpfheit und Dumpfheit. Bis in den Niederbruch eurer Knöchel foltert euch Züchtigung. So seid ihr verdingt!

MILLIARDÄRARBEITER.

Richtet das Reich ein, das in euch mit Allmacht regiert!

GROSSINGENIEUR.

Rechnet die Mächtigkeit aus, die ihr erbeutet. Euer wird Werk und Gewinn – ohne Krümmung eines Fingers von euch. Gas schafft für euch wie Zauber – ihr blockt am Hebel – auf Schalter – vor Sichtglas eure Fronknechte. Ihr nutzt euren Sieg nach Vorbild des Siegers von gestern!

MILLIARDÄRARBEITER.

Löst euch in Duldung aus Fron, der in euch nicht anrührt!

GROSSINGENIEUR.

Überschlagt den Tribut, der euch anfällt. Keine Zone des Erdrunds, die euch mit Eintrag nicht gefügig. Keines Schiffes Raum, der euch mit Fracht nicht verbunden. Keiner Brücke Sprung, der euch mit Zufuhr nicht buckelt. Keines Drahtes Funken, der mit eurem Befehl nicht geladen. Eures Willens Bestimmung übt Herrschaft, die alles benötigt!

MILLIARDÄRARBEITER.

Hört den, der wiederholt, was schon vorging: – wieder zeigt einer den Glanz unter euch, der versucht und verblendet!

GROSSINGENIEUR.

Faßt euren Vorsatz mit Schrei, der unerbittlich euch bindet!

MILLIARDÄRARBEITER.

Überbietet den kleinen Entschluß, der billig sich anpreist!

GROSSINGENIEUR.

Feilscht mit der Frist, die euch bleibt – an die Beschießung!!

MILLIARDÄRARBEITER *(auf Stufen herunter)*.

Kehrt ins Werk um und leistet den Dienst, der euch gering ist!

GROSSINGENIEUR *(oben auf der Tribüne)*.

Zielt den Wurf, der entscheidet für euch mit *einer* Vergiftung!!

MILLIARDÄRARBEITER.
Kehrt ins Werk um!!

GROSSINGENIEUR *(die rote Kugel über sich).*
Errichtet die Herrschaft!!

MILLIARDÄRARBEITER.
Gründet das Reich!!

GROSSINGENIEUR.
Zündet das Giftgas!!!
(Stille.)

MILLIARDÄRARBEITER.
Schweigt und hört: wie Himmel und Erde den Odem verhalten vor eurer Entschließung, die Weltschicksal besiegelt!!
(Stille.)

STIMME.
Giftgas!!

STIMMEN und STIMMEN.
Giftgas!!!!

ALLE STIMMEN.
Giftgas!!!!

GROSSINGENIEUR *(triumphierend).*
Unser die Macht!! Unser die Welt!! Zielt den Ball – – beeilt den Wurf – – verderbt die Beschießung!!! – – Wer?
(Junge Arbeiter branden an der Tribüne auf.)

JUNGE ARBEITER.
Ich!!

GROSSINGENIEUR.
Schont die gefährliche Kugel!

MILLIARDÄRARBEITER *(die jungen Arbeiter aufhaltend – sich zum Großingenieur umwendend).*
Ich bin der Bestimmte! Mich trifft Vorrecht vor andern!

ALLE STIMMEN.
Der Milliardärarbeiter!!!!

GROSSINGENIEUR *(gibt ihm die Kugel – verläßt die Tribüne).*

MILLIARDÄRARBEITER *(oben auf der Tribüne – die Kugel in hoher Hand).*
Meines Blutes Blut schlug nach Verwandlung von uns!! Mein Eifer tränkte sich mit Eifer von Mutter und Muttervater!! Unsre Stimme konnte die Wüste wecken – – der Mensch ertaubte vor ihr!! Ich bin gerechtfertigt!! Ich kann vollenden!! *(Er wirft die Kugel über sich – die zurückfällt und schwach klirrend zerbricht.)*
(Stille.)

GROSSINGENIEUR.
Giftgas!!!

ALLE STIMMEN.
Giftgas!!!!
(Stille der Lähmung.
Mit ungeheurem Schlag die Beschießung von außen.
Gleich Dunkelheit – und tosender Einsturz von Wänden.
Stille.
Langsame Helle:
die Halle ist ein Trümmerfeld von Betontafeln, die sich über einander schieben wie aufgebrochne Grabplatten – ausragend die schon geweißten Skelette der Menschen in der Halle.
Gelbfigur – Stahlhelm, Telephon am Kopf, Draht hinter sich ausrollend – über die Schutthalde anlaufend.)

GELBFIGUR *(hemmt – starrt irr – schreit ins Telephon).*
Meldung von Wirkung von Beschießung: – – – – kehrt die Geschütze gegen euch und vernichtet euch – – – – die

Toten drängen aus den Gruben – – – – jüngster Tag – – – – dies irae – – solvet – – in favil – – – –
(Er zerschießt den Rest in den Mund.
In der dunstgrauen Ferne sausen die Garben von Feuerbällen gegeneinander – deutlich in Selbstvernichtung.)

Anhang

Zu dieser Ausgabe

Georg Kaisers Dramen *Gas* und *Gas. Zweiter Teil* wurden in den Jahren 1917/18 bzw. 1919/20 verfasst. Die Handschriften sind verschollen.

Die Texte der vorliegenden Ausgabe folgen jeweils der ersten Buchausgabe:

> Gas. Schauspiel in fünf Akten von Georg Kaiser. Berlin: S. Fischer Verlag, 1918.
> Gas. Zweiter Teil. Schauspiel in drei Akten von Georg Kaiser. Erstes und zweites Tausend. Potsdam: Gustav Kiepenheuer Verlag, 1920.

In Abweichung zu den Vorlagen wurden die Regieanweisungen eingeklammert und durchgehend mit einem abschließenden Punkt ergänzt. Auch nach der Angabe des Sprechers wurde jeweils ein Punkt gesetzt.

Folgende Druckversehen bzw. Schreibweisen wurden berichtigt bzw. vereinheitlicht:

Gas. Zweiter Teil

102,28 balanciert] balanziert
103,2 als wir] als wie
103,5 Zermahlung] Zermalung
104,24 Mit welchem] Mit welchen
109,25 Widerstand] Wiederstand
117,12 begibt] begiebt
118,28 f. ausgibt] ausgiebt
127,5 ins Telephon] ins Telefon
131,5 ins Telephon] ins Telefon
139,30 umwendend] um wendend

Anmerkungen

Gas

9,1–4 [Vorspruch] *Milliardär: »Aber die tiefste Wahrheit ... (Die Koralle):* Gegen Ende von Georg Kaisers Drama *Die Koralle* sagt der zum Tode verurteilte Milliardär unmittelbar vor seiner Hinrichtung zu einem Geistlichen: »Aber die tiefste Wahrheit wird nicht von Ihnen und den Tausenden Ihresgleichen verkündet – die findet immer nur ein einzelner. Dann ist sie so ungeheuer, daß sie ohnmächtig zu jeder Wirkung wird!« (Georg Kaiser, *Die Koralle*, Schauspiel in fünf Akten, Berlin 1917, S. 138).

13,18 *Valse:* frz.: Walzer.

14,8 *unabkömmlich:* unentbehrlich, darf nicht gestört werden.

14,11 *Es gibt hier keinen – Chef:* Bereits in Georg Kaisers Drama *Die Koralle* äußert der Sohn des Milliardärs entsprechende sozialistische Gedanken. Die Forderung des Vaters, sein Nachfolger zu werden, weist er zurück mit dem Wunsch, dass er »nicht mehr sein will als andere« (*Die Koralle*, S. 84).

15,6 *Sohn des Milliardärs:* Als »Sohn«, d.h. als Sohn der Hauptfigur des Milliardärs, tritt die Figur bereits in Georg Kaisers Drama *Die Koralle* auf.

15,9 *ins Herz:* Anspielung auf das Drama *Die Koralle*, in dem das Büro des Milliardärs mehrfach als »das heiße Herz der Erde« bezeichnet wird (*Die Koralle*, S. 9, 80 [u. ö.]).

20,14 f. *Solange Geld angehäuft wird, geht es auch verloren:* Im Verlauf des Ersten Weltkriegs hatte die deutsche Mark über die Hälfte ihres Werts verloren; die Inflation stieg in den folgenden Jahren immer weiter an, um 1922/23 in einer Hyperinflation zu münden.

24,9 *Exempel:* Beispiel, hier: weiterer Versuch.

24,31 *Atmosphären:* Maßeinheit für Druck.

29,15 *heischte:* hier: forderte.

33,7 *glostet:* glosten: glimmen, glühen.

34,28 *ohne Hehl:* ohne etwas zu verhehlen, offen und ehrlich.

35,20 *Gesichte:* Erscheinungen.

36,26 *schächtet:* schächten: nach jüdischem Ritus töten.
38,20 *Schelme:* hier altertümlich als kräftige Beschimpfung.
38,28 *Aufrisse:* Zeichnungen der Vorder- oder Seitenansicht eines Objekts.
39,24 *Rebus:* Bilderrätsel.
39,27 *Gefild:* Gelände (altertümlich).
40,12 *biegen wir aus:* biegen wir ab.
41,20 *Witz:* hier im Sinne von Verstand, Klugheit, Einfallsreichtum.
44,28 *Schulden im Spiel kontrahiert:* wegen Spielschulden einen Darlehensvertrag gemacht.
45,14 f. *stehe vor der Pistole:* kann mich nur noch erschießen.
47,26 *geilt ins Verderben:* strebt begierig ins Verderben.
50,2 *kolossalste Arbeitsniederlegung:* 1918 gab es zahlreiche Streiks in Deutschland, u. a. den sogenannten »Januarstreik«, der sich gegen schlechte Arbeitsbedingungen richtete.
50,17 *Marotte:* seltsame Eigenart.
51,21 *gezeitigt:* erreicht, geschaffen.
63,3 *Bogenlampenlicht:* Licht aus einer Kohlebogenlampe mit einem brennenden Lichtbogen zwischen zwei Elektroden aus Graphit.
68,10 *stier:* ohne den Kopf zu wenden.
69,27 *speit:* spuckt.
71,10 *birst nicht:* bricht nicht auseinander.
75,3 *Triften:* Gebiet, auf dem das Vieh gehütet wird.
75,6 *Fron:* hier: Sklavenarbeit.
77,16 *Hürde:* hier: Pferch für Tiere.
85,15 *Reichstage:* von 1871 bis 1918 Parlament des Deutschen Kaiserreichs.
86,14 *vor einem Kriege:* An dieser Stelle wird bereits der Krieg angekündigt, der dann in *Gas. Zweiter Teil* wütet.
89,13 *Kordon:* Abriegelung, Sperre, hier: aufmarschierte Soldaten.
91,5 *das Wehr:* der Staudamm.
91,26 *ihn gebären:* Der Milliardärarbeiter in *Gas. Zweiter Teil* ist der Sohn der Tochter des Milliardärsohns.

Gas. Zweiter Teil

97,2 *Bogenlampenlicht:* vgl. Anm. zu 63,3.

97,6/123,7 *Blaufigur / Gelbfigur:* Im Kontext von Erstem Weltkrieg und Gas lassen die beiden Farben an das Giftgas »Blaukreuz«, das Gasmasken durchdringen konnte, und das Hautgift »Gelbkreuz«, auch als »Senfgas« bekannt, denken. Die beiden Gase wurden ab 1917 von den deutschen Truppen verwendet.

100,17 *Petrefakt:* Versteinerung.

101,10 *Belöhnung:* schweizerisch: Belohnung.

101,26 *Nabe:* Radnabe, Zentrum des Rads, das auf der Achse aufsitzt.

104,2 *Odem:* Atem, Lebensatem, auch Seele.

105,23 *das Erträgnis:* österr.: den Ertrag.

107,9 *Mutter:* die Tochter des Milliardärsohns in *Gas.*
Vaters meiner Mutter: der Milliardärsohn in *Gas.*

110,23 *Kordon:* vgl. Anm. zu 89,13.

114,7 *knirrte:* knirren: feines Knarren.

114,11 *totbrache:* brach: unfruchtbar, nicht bebaut.

121,1 *Fron:* vgl. Anm. zu 75,6.

129,4 *stäupten:* an den Pranger fesselten und auspeitschten.

131,21 *Fronvoigt:* im Mittelalter vom König berufener Beamter, der die Fronarbeiter einsetzte und beaufsichtigte.

131,27 *zehntzinsende:* Zehnt: alte, 10prozentige Steuer an weltliche oder kirchliche Institutionen.

132,15 *sinterte:* sintern: durchsickern.

132,20 f. *Purpur:* Farbe der Mächtigen.

133,3 *Giftgas:* Während des Ersten Weltkriegs setzten alle Kriegsparteien Giftgas als Waffe ein. Zunächst verwendeten 1914 französische Truppen Tränengas, ab 1915 wurde von den Deutschen tödliches Chlorgas benutzt. Im Verlauf des Kriegs wurden zahlreiche weitere Giftgase entwickelt. 1918 erreichte der Gaskrieg seinen Höhepunkt, als durchschnittlich jede dritte verschossene Granate Giftgas enthielt.

133,12 *storre:* storr: unschmiegsam, starr, steif emporragend.

134,20 *mit Schacher:* mit Schachereien, niedrigem Handel.

135,2 *Spreitet:* Dehnt aus.
135,4 *Gezeit:* Gezeiten: Ebbe und Flut; hier etwa: große Veränderungen und Wechsel durch die Zeit.
136,18 *kargte:* hier: sparte.
136,26 *Triften von Grüne:* Der Milliardärsohn verspricht im vierten Akt von *Gas* den Arbeitern »Triften von Breite in Grüne« (s. hier im Text S. 75,3 f.).
136,28 *hürdet sich nicht:* hält sich nicht hinter einer Hürde, bleibt nicht eingesperrt.
136,29 *Geviert:* Rechteck.
136,29 f. *nicht von dieser Welt ist das Reich!!!!:* vgl. Joh. 18,36: »Mein Reich ist nicht von dieser Welt«.
137,8 *anspeit:* anspuckt.
137,10 *schächtet:* vgl. Anm. zu 36,26.
137,17 *Koppel:* Geschirr für zusammen gehende Tiere.
137,18 *Göpel:* alte, mechanische Drehvorrichtung zur Erzeugung einer Antriebskraft für Maschinen durch im Kreis herumgehende Menschen oder Tiere.
139,12 *verhalten:* anhalten.
141,2 *dies irae -- solvet -- in favil:* Beginn eines mittelalterlichen Hymnus vom Jüngsten Gericht, der vom 16. bis zum 20. Jh. Teil der Totenmesse innerhalb der katholischen Liturgie war: »Dies irae dies illa, / Solvet saeclum in favilla« (Tag des Zorns, jener Tag / löst die Welt in Asche auf).

Literaturhinweise

Erstdruck und weitere Ausgaben

Gas

Gas. Schauspiel in fünf Akten von Georg Kaiser. Berlin: S. Fischer Verlag, 1918. – 2. und 3. Aufl. Ebd. 1919.

Gas. Schauspiel in 5 Akten von Georg Kaiser. 3. und 4. Tsd.: Potsdam: Kiepenheuer, 1919. 4. und 5. Tsd.: Ebd. 1920. – 5.–7. Tsd.: Ebd. 1922. – 9. und 10. Tsd.: Ebd. 1925. – 12.–15. Tsd.: Ebd. 1927. – 23.–25. Tsd.: Ebd. 1930. – 26.–28. Tsd.: Ebd. 1931.

Gas. Schauspiel in fünf Akten. In: Georg Kaiser: Gesammelte Werke. Bd. 1. Berlin: Kiepenheuer, 1928. S. 145–257.

Gas. Schauspiel in fünf Akten. In: Georg Kaiser: Stücke, Erzählungen, Aufsätze, Gedichte. Hrsg. von Walther Huder. Köln/Berlin: Kiepenheuer & Witsch, 1966. S. 171–221.

Gas. Schauspiel in fünf Akten. In: Georg Kaiser: Werke. Hrsg. von Walther Huder. Bd. 2: Stücke 1918–1927. Frankfurt a. M. / Berlin / Wien: Propyläen, 1971. S. 9–58.

Gas. Schauspiel in fünf Akten. In: Georg Kaiser: Stücke. Auswahl und Nachwort von Manfred Wolter. Berlin: Henschel, 1972. S. 129–179.

Gas. Schauspiel in fünf Akten. In: Georg Kaiser: Gas. Schauspiel. Frankfurt a. M.: Ullstein, 1978 [u. ö.]. S. 9–58.

Gas. Schauspiel in fünf Akten. In: Georg Kaiser: Werke in drei Bänden. Hrsg. von Klaus Kändler. Bd. 1: Dramen I. Berlin/Weimar: Aufbau, 1979. S. 359–416.

Gas I. Text und Materialien. Bearb. von Wolfgang Kreß. Frankfurt a. M.: Cornelsen, 1991.

Gas. Zweiter Teil

Gas. Zweiter Teil. Schauspiel in drei Akten. 1. und 2. Tsd.: Potsdam: Kiepenheuer, 1920. – 3. und 4. Tsd.: Ebd. 1924. – 5. und 6. Tsd.: Ebd. 1928. – 7. und 8. Tsd.: Ebd. 1930.

Gas. Zweiter Teil. Schauspiel in drei Akten. In: Georg Kaiser: Gesammelte Werke. Bd. 1. Berlin: Kiepenheuer, 1928. S. 259–321.

Gas. Zweiter Teil. Schauspiel in drei Akten. In: Georg Kaiser: Stücke, Erzählungen, Aufsätze, Gedichte. Hrsg. von Walther Huder. Köln/Berlin: Kiepenheuer & Witsch, 1966. S. 223–254.

Gas. Zweiter Teil. Schauspiel in drei Akten. In: Georg Kaiser: Werke. Hrsg. von Walther Huder. Bd. 2: Stücke 1918–1927. Frankfurt a. M. / Berlin / Wien: Propyläen, 1971. S. 59–88.

Gas. Zweiter Teil. Schauspiel in drei Akten. In: Georg Kaiser: Stücke. Auswahl und Nachwort von Manfred Wolter. Berlin: Henschel, 1972. S. 181–209.

Gas. Zweiter Teil. Schauspiel in drei Akten. In: Georg Kaiser: Gas. Schauspiel. Frankfurt a. M.: Ullstein, 1978 [u. ö.]. S. 59–88.

Gas. Zweiter Teil. Schauspiel in drei Akten. In: Georg Kaiser: Werke in drei Bänden. Hrsg. von Klaus Kändler. Bd. 1: Dramen I. Berlin/Weimar: Aufbau, 1979. S. 417–450.

Forschungsliteratur

Al-Ali, Mahmoud: Der Weg in die innere Freiheit im literarischen Werk *Gas II* von Georg Kaiser. In: Krieg und Literatur. Internationales Jahrbuch zur Kriegs- und Antikriegsliteraturforschung 17 (2011) S. 97–105.

– Die Vision der Erneuerung im literarischen Werk *Das Gas* von Georg Kaiser. In: Zeitschrift der Germanisten Rumäniens 20 (2011) H. 1–2 (39–40). S. 147–162.

Arnold, Armin: Georg Kaiser. In: Expressionismus als Literatur. Gesammelte Studien. Hrsg. von Wolfgang Rothe. Bern/München 1969. S. 474–489. [Zu *Gas* S. 479–485.]

Benson, Renate: Deutsches expressionistisches Theater. Ernst Toller und Georg Kaiser. New York / Bern / Frankfurt a. M. / Paris 1987. [Zu *Gas* S. 221–241.]

Bussmann, Rudolf: Einzelner und Masse. Zum dramatischen Werk Georg Kaisers. Kronberg/Ts. 1978. [Zu *Gas* S. 64–151, 299–317.]

Diebold, Bernhard: Anarchie im Drama. Frankfurt a. M. 1921. [Zu *Gas* S. 403–408.]

– Der Denkspieler Georg Kaiser. Frankfurt a. M. 1924.

Durzak, Manfred: Das expressionistische Drama. Carl Sternheim – Georg Kaiser. München 1978. [Zu *Gas* S. 153–173.]

Gehrke, Manfred: Probleme der Epochenkonstituierung des Expressionismus. Diskussion von Thesen zur epochenspezifischen Qualität des Utopischen. Frankfurt a. M. / Bern / New York / Paris 1990. [Zu *Gas* S. 168–185.]

Kauf, Robert: Georg Kaiser's social tetralogy and the social ideas of Walther Rathenau. In: Publications of the Modern Language Association of America 77 (1962) Nr. 3. S. 311–317.

Kim, Eun Kyoung: Idee und Sprache in Georg Kaisers Hauptdramen des expressionistischen Zeitalters. Fernwald 1998. [Zu *Gas* S. 87–108.]

Knapp, Gerhard P.: Georg Kaisers expressionistische Bildinszenierungen: bloße DenkSpielerei oder VerSinnBildlichung der Dramensubstanz? Ein Beitrag zur BühnenBildlichkeit der frühen Moderne. In: Das Sprach-Bild als textuelle Interaktion. Hrsg. von Gerd Labroisse und Dick van Stekelenburg. Amsterdam 1999. (Amsterdamer Beiträge zur neueren Germanistik 45). S. 233–257. [Zu *Gas* S. 249–257.]

Krause, Frank: Sakramentaler Expressionismus? Zwei unveröffentlichte Briefe Georg Kaisers an Gustav Landauer. In: Orbis Litterarum 58 (2003) Nr. 2. S. 149–162.

– Gustav Landauer über Georg Kaiser. Erläuterungen zu einem unbekannten Typoskript [1917]. In: Jahrbuch der deutschen Schillergesellschaft 49 (2005) S. 51–72.

– (Hrsg.): Georg Kaiser and Modernity. Göttingen 2005.

Kreß, Wolfgang: Georg Kaiser. Gas I. Schauspiel. Lehrerheft. Frankfurt a. M. 1991.

Kunst und Leben. Georg Kaiser (1878–1945). Katalog zur Ausstellung in der Akademie der Künste Berlin, 15. April – 31. Mai 2011. Konzeption: Sabine Wolf. Berlin 2011. [Zu *Gas* S. 42–53, 178–193.]

Kuxdorf, Manfred: Die Suche nach dem Menschen im Drama Georg Kaisers. Bern / Frankfurt a. M. 1971. [Zu *Gas* S. 85–94.]

Sander, Marcus: Strukturwandel in den Dramen Georg Kaisers 1910–1945. Frankfurt a. M. / Berlin / Bern / Bruxelles / New York [u. a.] 2004.

Schlapp, Peter: Georg Kaisers »GAS I«. Textanalyse und Konzept einer szenischen Realisation. Frankfurt a. M. / Bern / New York 1984.

Schürer, Ernst: Die ›Gas‹-Dramen. In: Georg Kaiser. Hrsg. von Armin Arnold. Stuttgart 1980. S. 92–110.

Segeberg, Harro: Simulierte Apokalypsen. Georg Kaisers ›Gas‹-Dramen im Kontext expressionistischer Technik-Debatten. In: Literatur in einer industriellen Kultur. Hrsg. von Götz Großklaus und Eberhard Lämmert. Stuttgart 1989. S. 294–313.

Steffens, Wilhelm: Georg Kaiser. Velber 1969. [Zu *Gas* S. 118–121, 140–142.]

Tyson, Peter K.: The Reception of Georg Kaiser (1915–45). Texts and Analysis. 2 Bde. New York / Bern / Frankfurt a. M. / Nancy 1984. [Zu *Gas* S. 69–104, 126–137, 661–682, 987–993.]

Vietta, Silvio / Kemper, Hans-Georg: Expressionismus. München [3]1985. [Zu *Gas* S. 92–95.]

Viviani, Annalisa: Das Drama des Expressionismus. Kommentar zu einer Epoche. 2., bibliogr. erw. Aufl. München 1981. [Zu *Gas* S. 113–118.]

Willeke, Audrone B.: Georg Kaiser and the Critics. A Profile of Expressionism's Leading Playwright. Columbia (SC) 1995. [Zu *Gas* S. 86–91.]

Nachwort

Koralle und *Gas*: eine Trilogie?

Seinem Drama *Gas* stellte Georg Kaiser 1918 ein Motto aus dem ebenfalls von ihm verfassten Stück *Die Koralle* voran, das er im Jahr zuvor veröffentlicht hatte. Mit diesem Motto hebt er nicht nur einen eigenen Gedanken aphoristisch hervor, sondern macht auch auf den Zusammenhang der zwei Dramen aufmerksam. Die *Koralle* bildet den prolog-artigen Auftakt zu den beiden *Gas*-Dramen, zusammen werden die drei Dramen auch häufig als *Gas*-Trilogie bezeichnet. Kaiser selbst benutzt diesen Begriff nur zweimal im Rückblick[1], von Anfang an geplant war ein solcher Komplex nicht. Vielmehr erkannte er in den beiden *Gas*-Dramen die »vollständige Gas-Tragödie« und wollte sie in einem Band zusammen gedruckt sehen.[2] Das eher konventionell angelegte Schauspiel *Die Koralle* ist sprachlich wie kompositorisch noch weit entfernt von den *Gas*-Dramen, die zu Recht als Höhepunkte expressionistischer Dramatik gelten.

In der *Koralle* wird die Jugend des Milliardärsohns, der Hauptfigur von *Gas*, dargestellt – allerdings steht dort nicht

1 Vgl. Brief Georg Kaisers an Margarethe Kaiser vom 30. Dezember 1920, in: G. K., *Briefe*, hrsg. von Gesa M. Valk, Frankfurt a. M. / Berlin / Wien 1980, S. 216–218, hier S. 217; Brief Georg Kaisers an Gustav Kiepenheuer vom 23. April 1922, in: *Georg Kaiser in Sachen Georg Kaiser. Briefe 1916–1933*, hrsg. von Gesa M. Valk, Leipzig/Weimar 1989, S. 204.

2 Brief Georg Kaisers an Gustav Kiepenheuer vom 2. Juli 1920, in: *Georg Kaiser in Sachen Georg Kaiser* (s. Anm. 1), S. 144 f., hier S. 145.

er selbst im Zentrum der Handlung, sondern sein Vater, der Milliardär. Dieser hat das »Werk«, das in allen drei *Gas*-Dramen den Mittelpunkt bildet, aufgebaut und es dabei zu großem Reichtum gebracht. Glücklich ist er darüber aber nicht geworden. Ihn verfolgt die Erinnerung an seine harte Kindheit, vor der er sein Leben lang vergeblich zu flüchten gesucht hat. Auch großzügige Geschenke und Zugeständnisse, die er seinen Untergebenen macht, beruhigen ihn nicht, zumal er das kapitalistische System an sich nicht in Frage stellt. Seine eigentlichen Erwartungen an das Leben überträgt er daher auf den Sohn: dieser soll so glücklich werden, wie er selbst es nicht zu werden vermochte. Der Sohn geht aber – wie später auch die Tochter – eigene Wege: Er solidarisiert sich mit den Arbeitern, beginnt, selbst körperlich zu arbeiten, und vertritt sozialistische Ideen. Bitter enttäuscht erschießt der Milliardär daraufhin seinen Sekretär, den er als seinen Doppelgänger aufgebaut hatte. Er nimmt die Identität des Sekretärs an und erhält mit ihr dessen glückliche Kindheit. Dass er nun selbst als vermeintlicher Sekretär, der den Milliardär ermordet hat, verhaftet und zum Tode verurteilt wird, kümmert ihn wenig – mit seiner neuen Vergangenheit kann er in Ruhe sterben.

In *Gas* hat der Sohn des Milliardärs seine Ideen in die Tat umgesetzt. Mit dem im Werk produzierten Gas, das für die Industrie auf der ganzen Welt unverzichtbar ist, werden hohe Gewinne erwirtschaftet, die unter allen Beschäftigten aufgeteilt werden. Dies führt allerdings dazu, dass nur noch mehr gearbeitet wird: Der Belegschaft, die sich nun gewissermaßen selbst ausbeutet, geht es schlechter als zuvor. Der Milliardärsohn stellt sich dabei ökonomisch nicht besser als seine Arbeiter, ist aber immer noch der Chef. Erst sein Enkel, der Milliardärarbeiter in *Gas. Zweiter Teil*, wird zumindest formal auch Teil der Arbeiterschaft sein. Dann wird sich die Lage der Arbeiter abermals verschlechtert haben, sie sind nur mehr bessere Sklaven in einer Art Militärdiktatur – schon äußerlich durch graue Werktracht, geschorene Haare und bloße Füße entsprechend gekennzeichnet.

Das ambivalente Menschenbild

Das Motto von *Gas* unterstreicht die Wertschätzung, die Kaiser dem Einzelnen zukommen lässt, bei gleichzeitiger Skepsis gegenüber den Massen. Wie manch anderes mag Kaiser diese Überzeugung von Gustav Landauer (1870 bis 1919) übernommen haben, der behauptete: »Vom Individuum beginnt alles; und am Individuum liegt alles.«[3] Dem Stück allein ist diese im Motto zum Ausdruck gebrachte Hervorhebung des Einzelnen jedoch nicht so eindeutig zu entnehmen, denn seine Rolle wird wie die der Masse durchaus kritisch gesehen. Dennoch macht Kaiser, der sich kaum theoretisch zu seinen Werken äußerte, durch das Motto deutlich, zu welcher Seite er eher tendiert, auch wenn die Figur des Milliardärsohns selbst letztlich nicht zu überzeugen vermag.

Immerhin wird dessen Scheitern weniger mit den von ihm vertretenen, mangelhaften Ideen begründet als vielmehr mit der Ablehnung durch die ignoranten Massen. Als eine gewaltige Explosion im Werk Tausende Arbeiter tötet

3 Gustav Landauer, *Aufruf zum Sozialismus. Ein Vortrag*, Berlin 1911, S. 154.

und rasch klar wird, dass es jederzeit wieder zu einer solchen Katastrophe kommen kann, stellt der Milliardärsohn ein alternatives, ökologisches Konzept für das Werk vor. Doch die Menschen scheuen sich vor Veränderung: selbst wenn dies seinen Untergang bedeutet, will jeder, ob Arbeiter, Schreiber, Ingenieur oder Offizier, genau das bleiben, was er ist. Die Darstellung solch verkrusteter Strukturen prägte den Frühexpressionismus der Vorkriegszeit, der die starre wilhelminische Gesellschaftsordnung vehement angegriffen und auf sie mit gegenläufigen Apokalypsevisionen reagiert hatte, wie sie auch in den beiden *Gas*-Dramen in der starken Tendenz zur Selbstzerstörung der jeweils dargestellten Gesellschaft zu erkennen sind. Sie verbinden sich mit der durchaus christlich grundierten Heilserwartung des Neuen Menschen.

Dass dessen Konzeption wie schon in Kaisers Drama *Die Bürger von Calais* (1914) seltsam unbestimmt bleibt, verweist ebenfalls noch auf den Frühexpressionismus, der das Alte zwar überwinden wollte, ohne jedoch das Neue zu kennen oder gar zu propagieren. Die Tochter des Milliardärsohns will, nachdem alle Versuche, eine grundlegende Veränderung herbeizuführen, gescheitert sind, den Neuen Menschen gebären, wie sie am Ende von *Gas* ausruft. Zwei Jahre später lässt Kaiser dann in *Gas. Zweiter Teil* den Neuen Menschen tatsächlich auferstehen, ohne dass allerdings dieser Begriff dort fallen würde. Als der angekündigte Enkel des Milliardärsohns aus *Gas* muss der Milliardärarbeiter aber als der prophezeite Neue Mensch angesehen werden. In *Gas. Zweiter Teil* widerfährt ihm das gleiche Schicksal wie seinem Großvater: Er vermag sich am Ende eines gewaltigen Weltkriegs, als die Arbeiter vor der Wahl stehen, sich den neuen Herren unterzuordnen oder zu kämpfen, mit seinen Ideen nicht durchzusetzen – woraufhin er mit dem Wurf einer Giftgaskugel den Weltuntergang einleitet. Seine Aktion bedeutet zwar für die Betroffenen tatsächlich den von ihm angestrebten Übertritt in eine andere Welt, dennoch dürfte hier vor allem Georg Kaisers pessimistische Sicht auf die Menschheit zum Ausdruck kommen. Sagt er doch selbst: »Wer sich zu *einer* Tat, die nie das Vollkommene will, aufschwingt – fällt zurück in Vernichtung.«[4]

Den heutigen Menschen begreift Kaiser als »Übergang für kommende Menschheit«[5], und so bleibt bei ihm alles im Fluss. Er will nicht stehenbleiben – »meine Zeit drängt«[6]. Deshalb sind von ihm keine fertigen Antworten zu erwarten. In *Gas* wollte er daher auch gar keine Lösungen anbieten, er sah sein Stück nur als einen »Aufruf«, wie er in einem Brief an den Verleger Eugen Diederichs (1867–1930) vom 25. Juni 1916 schreibt. Das diesem vorhergehende Drama *Die Koralle* sei sogar lediglich eine »Feststellung« gewesen.[7] Die Figuren des Milliardärsohns und des Milliardärarbeiters sind daher nicht als Vollender der Idee vom Neuen Menschen angelegt, sondern allenfalls als dessen Anreger.

4 Georg Kaiser, »Der kommende Mensch oder Dichtung und Energie« [1922], in: G. K., *Werke*, hrsg. von Walther Huder, Bd. 4: *Filme, Romane, Erzählungen, Aufsätze, Gedichte*, Frankfurt a. M. / Berlin / Wien 1971, S. 567–571, hier S. 570.

5 Ebd., S. 567.

6 [Gespräch mit Georg Kaiser, 1921] in: G. K., *Werke*, Bd. 4 (s. Anm. 4), S. 564–566, hier S. 564.

7 Frank Krause, »Gustav Landauer über Georg Kaiser. Erläuterungen zu einem unbekannten Typoskript [1917]«, in: *Jahrbuch der deutschen Schillergesellschaft* 49 (2005), S. 51–72, hier S. 56.

Dass Kaiser seinem Drama *Gas* gewissermaßen eine bereits durch den Titel gekennzeichnete Fortsetzung verpasste, was in seinem umfangreichen Werk einzigartig ist, legt allerdings die Vermutung nahe, der offene Schluss von *Gas* habe ihn selbst nicht zufriedengestellt.

Denn nicht nur die Idee vom Neuen Menschen bleibt vage, auch die Ausführungen des Milliardärsohns über die von ihm angestrebte Errichtung einer vorindustriellen Siedlung auf dem zerstörten Werksgelände sind unbestimmt. Sie vermögen weder die Arbeiter im Drama noch auf anderer Ebene die Rezipienten von *Gas* zu überzeugen. Bei den Arbeitern im Stück reicht das Stichwort »Bauern« als Abschreckung, beim zeitgenössischen Publikum herrschte weitgehend Ratlosigkeit über Kaisers undifferenziert wirkende Pläne. Ihr Hintergrund ist jedoch weitreichender, als aus dem Drama selbst hervorgeht. Kaiser hatte sich eingehend mit den ökologischen Utopien, die sein Freund Landauer entwickelte, befasst. Tatsächlich waren auch dessen Vorstellungen noch eher grundsätzlicher Natur: als Vorstufe des zu erreichenden Sozialismus sollten neue Siedlungen gegründet werden, aus deren agrarischen Strukturen heraus sich der neue Sozialismus verbreiten sollte.[8] »Sozialismus ist Wiederanschluß an die Natur«, lautete die Parole Landauers.[9] Über die konkrete Ausgestaltung macht er keine Aussagen. Er setzt ganz auf das »Bauernblut«, das »noch in den Adern vieler Stadtproletarier« rausche.[10] Kaiser übernahm von Landauer die Idee der Sied-

8 Vgl. Landauer, *Aufruf zum Sozialismus* (s. Anm. 3), S. 160.
9 Ebd., S. 154.
10 Ebd., S. 155.

lungen ebenso wie das Bauerntum, doch letzteres lieferte dann zugleich das entscheidende Argument gegen den Aufruf des Milliardärsohns: Denn Bauern wollen die Arbeiter auf keinen Fall wieder werden.

Kaiser benutzt also die Theorien Landauers, spielt sie gewissermaßen in seinem Drama durch, um zu erkennen, dass sie in der praktischen Umsetzung nicht funktionieren würden, ja sie scheitern schon im voraus am Widerstand der Betroffenen. Für Landauer mag diese Art der Veranschaulichung seiner Ideen, dieses »Denkspiel«[11], daher eine zweischneidige Angelegenheit gewesen sein – zumal Kaiser später in *Gas. Zweiter Teil* in einem Rückgriff den Milliardärarbeiter diese Ablehnung auch noch als richtig einstufen lässt: um ihn dann ganz ähnlich mit anderen Theorien ebenso erfolglos sein zu lassen. Die vom Milliardärarbeiter als Lösung präsentierte, aber von den Arbeitern zurückgewiesene Vorstellung, das Heil nicht im Sozialismus wie in der *Koralle*, nicht in einem Rückzug in die Natur wie in *Gas*, sondern gar nicht auf der Erde zu suchen, stammt ursprünglich wohl von Walther Rathenau (1867–1922), der in dem zuerst 1912 erschienenen Buch *Zur Mechanik des Geistes oder Vom Reich der Seele* in der mechanisierten Welt nur einen Übergang sieht und die Kräfte der Seele aufruft, gegen die Vorherrschaft des Verstandes zu kämpfen.[12] Dabei benutzt er die gleichen Begriffe wie Kaiser, indem er die Menschheit »vor den Pfor-

11 Vgl. Bernhard Diebold, *Der Denkspieler Georg Kaiser*, Frankfurt a. M. 1924.

12 Vgl. Robert Kauf, »Georg Kaiser's social tetralogy and the social ideas of Walther Rathenau«, in: *Publications of the Modern Language Association of America* 77 (1962), Nr. 3, S. 311–317.

ten jenes Reiches« stehen glaubt, »das nicht von dieser Welt ist«.[13]

Diese Ambivalenz in beiden *Gas*-Dramen irritierte bereits Kaisers Zeitgenossen. Vor allem den Schluss von *Gas* empfanden viele als Ausflucht. Max Herrmann-Neiße (1886–1941) etwa sah 1919 in der Besprechung einer *Gas*-Aufführung die »durch nichts begründete Vertröstung auf die Zukunft« als verantwortungslose und leichtfertige Erweckung von Messiashoffnungen.[14] Gerade die fehlende Festlegung auf nur eine Position aber gehört zur Faszination, die die Stücke Kaisers immer noch ausüben: Seine Hauptfiguren, der Milliardärsohn und der Milliardärarbeiter, verkörpern bestimmte Ideen, haben auch Sympathien des Autors, sind aber weder tragische Helden noch Identifikationsfiguren – die Distanz sowohl von Autor als auch von Publikum bleibt stets gewahrt. So ist es nur konsequent, dass die Hauptfiguren der drei *Gas*-Dramen, will man die *Koralle* hier hinzuzählen, die alle erst in der Zukunft eine Verbesserung der Lage erkennen, am Ende gleichermaßen enttäuscht werden.

Technik und Gas

So wenig Kaiser die Utopie von den Siedlungen im Grünen im Detail ausgeführt hat, so wenig konkret geht er auf die technischen Abläufe der Herstellung von Gas und dessen

13 Walther Rathenau, *Zur Mechanik des Geistes oder Vom Reich der Seele*, Berlin 1918 (= *Gesammelte Schriften in fünf Bänden*, Bd. 2), S. 340.

14 Max Herrmann-Neiße, »Berliner Theater«, in: *Die Neue Schaubühne* 1, 1919, H. 4, S. 119–122, hier S. 120.

Gefahrenpotential ein. Alles bleibt bewusst im Ungefähren, Kaiser wollte die Assoziationen seines Publikums weder in der einen noch in der anderen Richtung begrenzen. Gelungen ist ihm dies zweifellos beim titelgebenden Stoff selbst, dem Gas, dessen Unbestimmtheit einen Gutteil des undefinierbaren Schreckens ausmacht, der von ihm ausgeht. Dieser verbindet sich mit der noch recht neuen Skepsis gegenüber dem technischen Fortschritt, die wohl spätestens mit dem Untergang der »Titanic« 1912 einsetzte und im Ersten Weltkrieg ihre Fortsetzung fand durch eine ausgefeilte Maschinerie, die ausschließlich dazu diente, die Menschen zu vernichten. Den Befund, dass der moderne Mensch die Technik braucht, gleichzeitig aber damit zu leben lernen muss, dass er sie nicht absolut zu beherrschen vermag, ja dass sie sich sogar gegen ihn wenden kann, spitzt Kaiser in einer prägnanten Aussage über das Gas und seine Technologie zu: Dessen Formel »stimmt und stimmt nicht«. Damit hat Kaiser vor einem Jahrhundert eine ebenso paradoxe wie zutreffende Beschreibung unseres heutigen Zeitalters gegeben: erst wir scheinen die Doppelgesichtigkeit der Technik in vollem Umfang zu realisieren. Viele Interpreten haben darauf hingewiesen, dass der Begriff »Gas« nur durch »Atom« ersetzt werden müsste, um die Aktualität von Kaisers Stück ganz deutlich zu machen. Auch wenn die Kritik *Gas* 1918 eine »ungeheure Zeitgemäßheit der Probleme«[15] bescheinigte, dürfte aber erst im Zeitalter von Tschernobyl und Fuku-

15 Bernhard Diebold, [Rez.], in: *Frankfurter Zeitung*, 29. November 1918, hier zit. nach: Günther Rühle (Hrsg.), *Theater für die Republik. 1917–1933. Im Spiegel der Kritik*, Frankfurt a. M. 1967, S. 125–127, hier S. 127.

shima der Wahrheitsgehalt einer janusköpfigen Formel, die stimmt und doch nicht stimmt, bei den Menschen angekommen sein. Obwohl die Technik rational beherrschbar zu sein scheint, ist sie es in der Realität eben doch nicht.

Und nicht nur der technische Fortschritt wird in Frage gestellt, sondern auch der Gedanke des ständigen Wachstums, das einhergeht mit einer zunehmenden Industrialisierung. Sie führt bei Kaiser in der Folge zur Ausbeutung und zur Entfremdung des Menschen von seiner Arbeit, wie sie schon Karl Marx (1818–1883) angeprangert hatte und wie sie eindrucksvoll im vierten Akt von *Gas* geschildert wird, den Kaiser selbst als Höhepunkt seines Stücks sieht.[16] In diesem Akt bezieht er sich auf die damals modernste Form der industriellen Fertigung, auf die sich immer stärker ausweitende Fließbandarbeit. Die Darstellung der Reduzierung des Arbeiters auf seinen Arm, seinen Fuß oder sein Auge hat, wie aus den zeitgenössischen Kritiken hervorgeht, das Publikum offenbar weit mehr betroffen gemacht als die Vermittlung der fatalen Abhängigkeit von einer nicht beherrschbaren Technik, als soziale Utopien und Visionen vom Neuen Menschen oder als Bezüge zum gerade überstandenen Ersten Weltkrieg, der beginnenden Inflation und der aus all dem resultierenden gesellschaftlichen Unsicherheit. Für Kaiser ist der Mensch »nicht nur Hand oder Fuß oder Auge oder Kopf – er gebraucht allerdings nur

16 Vgl. Brief Georg Kaisers an Margarethe Kaiser vom 2. Dezember 1918, in: *Georg Kaiser in Sachen Georg Kaiser* (s. Anm. 1), S. 83 f., hier S. 84.

Kopf oder Auge, um sich zu ernähren in diesem Zeitalter! – Der Mensch ist komponiert aus Kopf und Hirn und Herz und Blut.«[17]

Der zweite Teil

Die Übermacht der technisierten Welt spiegelt sich vor allem in *Gas. Zweiter Teil* in der zu Formeln verkürzten Sprache wider. Kaiser hat sie gegenüber *Gas* weiter verknappt, sie erinnert an moderne Computersprache und wird oft kryptisch bis zur Verständnislosigkeit. Als »zu kräftig« wurde das Stück laut Kaiser deshalb auch von ersten Lesern empfunden[18], dabei setzte es nur konsequent die begonnene Entwicklung von der *Koralle* über *Gas* fort. Schon äußerlich werden die Stücke in Einklang mit der Sprache immer knapper: *Gas. Zweiter Teil* ist wesentlich kürzer als *Gas* und nur noch halb so umfangreich wie *Die Koralle.* Nicht nur auf der sprachlichen Ebene hat Kaiser immer mehr reduziert, auch auf Nebenhandlungen wird nun verzichtet.

Die Typisierung der Figuren nimmt ebenfalls beständig zu. In *Gas. Zweiter Teil* erinnern die mit Nummern versehenen Blau- und Gelbfiguren in ihrer Benennung an Brettspielfiguren, etwa an die Figuren des 1910 erstmals erschienenen, seit 1914 in Serie produzierten und im Ersten Weltkrieg sehr populär gewordenen »Mensch ärgere

17 Georg Kaiser, *Der kommende Mensch oder Dichtung und Energie* (s. Anm. 4), S. 570.

18 Brief Georg Kaisers an Margarethe Kaiser vom 11. September 1920, in: *Georg Kaiser in Sachen Georg Kaiser* (s. Anm. 1), S. 160 f., hier S. 160.

dich nicht«-Würfelspiels. Die Unterscheidung anhand von Farben und Zahlen lässt die Willkür des ganzen in der Dramenhandlung dargestellten Konflikts deutlich hervortreten: Hinter diesem stecken keine Ideen, Überzeugungen, Systeme – er beruht auf bloßer Äußerlichkeit, es zählt einzig der Sieg, die Macht. Dass alles nur ein (Denk-)Spiel ist, klingt im Stück selbst mehrfach an, etwa als gesagt wird, dass das Resultat des nahenden Kriegsendes »[i]m besten Fall ein Remis mit zwei schachmatten Parteien« wäre (S. 103,11 f.) und für die Kontrollpulte der Begriff »Schachbrett« verwendet wird (S. 97,9 und 124,26), als eine (Spiel-) Figur der anderen »Partie« den Vorwurf macht, die Karten vorzeitig hingeworfen zu haben und nun gewissermaßen der Spielverderber zu sein (S. 123,11). Entsprechend wird die Kugel mit dem Giftgas mehrmals im Grunde unpassend als »Ball« bezeichnet (S. 133,25, 134,14 und 139,22).

Gas. Zweiter Teil konnte an den gewaltigen Erfolg des Vorgängerdramas allerdings nicht mehr anknüpfen: *Gas* erlebte, am 28. November 1918 zeitgleich uraufgeführt in Frankfurt am Main am Neuen Theater unter der Regie von Arthur Hellmer (1880–1961) und in Düsseldorf am Schauspielhaus in der Inszenierung von Gustav Lindemann (1872–1960) allein bis 1920 über zwanzig Inszenierungen an deutschen Bühnen. Trotz vielfacher Bedenken von Seiten der Kritik, die bei allem Respekt vor der ideellen Leistung Kaisers nicht nur den Verlegenheitsschluss[19] bemängelte, sondern sich auch an der durchschaubaren Konstruk-

19 Vgl. Herbert Ihering, [Rez.], in: *Berliner Börsen-Courier*, 26. Februar 1919, hier nach: H. I., *Theater in Aktion. Kritiken aus drei Jahrzehnten. 1913–1933*, Berlin 1987, S. 25–27, hier S. 26.

tion und der Kälte des Stücks störte, gelang Georg Kaiser mit *Gas* der Durchbruch als Dramatiker.

Von entscheidender Bedeutung war dabei die Inszenierung von Paul Legband (1876–1942) an der Berliner Volksbühne, die am 25. Februar 1919 mit Ernst Stahl-Nachbaur (1886–1960) in der Hauptrolle als Milliardärsohn uraufgeführt wurde. Es folgten zahlreiche Übersetzungen und Inszenierungen an ausländischen Theatern. Eine Verfilmung des Dramas kam trotz umfangreicher Vorarbeiten letztlich nicht zustande, doch dürften die Massenszenen des Fritz-Lang-Films *Metropolis* von 1928 nicht unerheblich von Kaisers Drama beeinflusst worden sein.[20] Das knapp zwei Jahre nach *Gas* am 20. Oktober 1920 an den Vereinigten deutschen Theatern in Brünn unter der Regie von Rudolf Beer (1885–1938) uraufgeführte Drama *Gas. Zweiter Teil* fand zwar nicht mehr so viel Beachtung wie der Vorgänger, sein ungeheuer produktiver Autor avancierte dennoch neben Gerhart Hauptmann (1862–1946) zu dem meistgespielten Dramatiker der 1920er Jahre in Deutschland.

Die beiden *Gas*-Dramen versammeln erstaunlich viele Merkmale, die heute als typisch expressionistisch bezeichnet werden und mit Stichworten wie »Masse«, »Wandlung«, »Neuer Mensch«, »Stilisierung der Bühne«, »Typisierung der Figuren«, »rhythmisierte Sprache« und »Telegrammstil« umschrieben werden. Alfred Kerr (1867–1948) sah in der Besprechung einer *Gas*-Aufführung das Ver-

20 Vgl. Heike Klapdor, »Das kalte Herz. Georg Kaisers *Gas*-Drama (1918) und Fritz Langs Film *Metropolis* (1927)«, in: *Kunst und Leben. Georg Kaiser (1878–1945),* Katalog zur Ausstellung in der Akademie der Künste Berlin, 15. April – 31. Mai 2011, Konzeption: Sabine Wolf, Berlin 2011, S. 178–193.

dienst Kaisers »in der Verpflanzung expressionistischer Lyrik auf die Rampe«.[21]

Anders als zu vermuten wäre, stand Kaiser aber keineswegs im Zentrum des literarischen Expressionismus. Der am 25. November 1878 in Magdeburg geborene und am 4. Juni 1945 im Schweizer Exil in Ascona gestorbene Georg Kaiser, der zehn Jahre älter war als die meisten anderen Schriftsteller der Generation der Expressionisten, war ein Einzelgänger, nahm kaum am literarischen Leben teil und hatte nur wenige Kontakte zu Kollegen.

21 Alfred Kerr, [Rez.], in: *Der Tag*, 27. Februar 1919, hier zit. nach: A. K., *»Ich sage, was zu sagen ist«. Theaterkritiken 1893–1919*, hrsg. von Günther Rühle, Frankfurt a. M. 1998, S. 785–789, hier S. 787.